ཇོ་མོ་གླང་མ།
珠穆朗瑪峰

ཕོ་བྲང་པོ་ཏ་ལ།
拉薩布達拉宮

ལྷ་སའི་ཇོ་ཁང་གི་གསེར་གྱི་རྒྱ་ཕིབས།
拉薩大昭寺金頂

法國國家圖書館藏
敦煌藏文文獻

⑰
Fonds Pelliot tibétain
1353—1374

主　編

金雅聲　郭　恩

編　纂

西北民族大學
上海古籍出版社
法國國家圖書館

上海古籍出版社

上海　2015

監　製

謝玉傑　高克勤

學術顧問

王　堯　多　識　陳　踐　華　侃

主　編

金雅聲（中國）

郭　恩（法國）

副主編

束錫紅　才　讓　府憲展（中國）

蒙　曦（法國）

編　委

謝玉傑　金雅聲　高克勤　趙德安　閔文義

束錫紅　才　讓　府憲展　沈衛榮

嘎藏陀美　塔哇扎西當知

責任編輯

曾曉紅

裝幀設計

嚴克勤

ཧྥ་རན་སིའི་རྒྱལ་གཉེར་དཔེ་མཛོད་ཁང་དུ་ཉར་བའི་ དུན་ཧོང་བོད་ཡིག་ཡིག་ཆགས།

⑰

Fonds Pelliot tibétain

1353—1374

གཙོ་སྒྲིག་པ།

ཅིན་ཡུ་ཏིན། བོ་ཨེན།

སྒྲིག་སྦྱོར་བྱེད་ཁག

ཞུབ་བྱང་ཨི་རིགས་སློབ་གྲྭ་ཆེན་མོ།

ཧྲང་ཧེ་དཔེ་རྙིང་དཔེ་སྐྲུན་ཁང་།

ཧྥ་རན་སིའི་རྒྱལ་གཉེར་དཔེ་མཛོད་ཁང་བཅས་ཀྱིས་བསྒྲིགས།

ཧྲང་ཧེ་དཔེ་རྙིང་དཔེ་སྐྲུན་ཁང་།

2015 ཤོར་ཧྲང་ཧེ་ནས།

ལྟ་ཞིབ་པ།

ཞའི་ཡུས་ཐེ།   ཀོ་ལུ་ཆིན།

སློ་འདྲི་ས།

དབང་རྒྱལ། དོར་ཞི་གདོང་དྲུག་སྙེམས་བློ། བསོད་ནམས་སྐྱིད། དུ་ཁབ།

གཙོ་སྒྲིག་པ།

ཅིན་ཡཱུ་ཐིན། (ཀྲུང་གོ)

ཁོ་ཨིན། (ཧྲ་རན་སེ)

གཙོ་སྒྲིག་པ་གཞོན་པ།

ཧཱུ་ཞི་ཧྲུང་། ཚེ་རིང་། སྐྱབུ་ཞན་གཞ། (ཀྲུང་གོ)

གྲུན་ཞི། (ཧྲ་རན་སེ)

ཙུམ་སྒྲིག་ཀྱི་ཡོན།

ཞའི་ཡུས་ཐེ། ཅིན་ཡཱུ་ཐིན། ཀོ་ལུ་ཆིན།

གྲོ་དྲེ་ལྭན། མེན་ཐུན་ཡུས།

ཧཱུ་ཞི་ཧྲུང་། ཚེ་རིང་། སྐྱབུ་ཞན་གཞ།

ཐིན་ཤེ་རོན། སྐལ་བཟང་ཐོགས་མེད།

མཐའ་བ་བཀྲ་ཤིས་དོན་འགྲུབ།

དཔེ་སྒྲིག་འགན་འཁུར་བ།

ཚུན་ཞའོ་ཧྲུང་།

མཛེས་རིས་རྩས་འགོད་པ།

ཡཱན་ལུ་ཆིན།

DOCUMENTS TIBÉTAINS DE DUNHUANG
CONSERVÉS À LA
BIBLIOTHÈQUE NATIONALE DE FRANCE

⑰

Fonds Pelliot tibétain
1353—1374

RÉDACTEURS EN CHEF
Jin Yasheng   Monique Cohen

ÉDITÉS PAR
Bibliothèque nationale de France
Université des Nationalités du Nord-ouest
Les Éditions des Classiques chinois, Shanghai

LES ÉDITIONS DES CLASSIQUES CHINOIS, SHANGHAI
Shanghai 2015

TIBETAN DOCUMENTS FROM DUNHUANG
IN THE
BIBLIOTHÈQUE NATIONALE DE FRANCE

⑰

Fonds Pelliot tibétain
1353—1374

EDITORS IN CHIEF
Jin Yasheng   Monique Cohen

PARTICIPATING INSTITUTION
Bibliothèque nationale de France
Northwest University for Nationalities
Shanghai Chinese Classics Publishing House

SHANGHAI CHINESE CLASSICS PUBLISHING HOUSE
Shanghai 2015

法藏敦煌藏文文獻第十七册目錄

Fonds Pelliot tibétain 1353—1374

དཀར་ཆག

Fonds Pelliot tibétain1353—1374

法 Pel.tib.1353　　1.ཤེས་རབ་ཀྱི་ཕ་རོལ་དུ་ཕྱིན་པ་སྟོང་ཕྲག་བརྒྱ་བ།　2.བྲིས་བྱང་།

1.十萬頌般若波羅蜜多經　　2.抄經題記　　(5—1)

法 Pel.tib.1353　　1.ཤེས་རབ་ཀྱི་ཕ་རོལ་ཏུ་ཕྱིན་པ་སྟོང་ཕྲག་བརྒྱ་པ།　2.བྲིས་བྱང་།

1.十萬頌般若波羅蜜多經　　2.抄經題記　　(5—2)

法 Pel.tib.1353　　1.ཤེས་རབ་ཀྱི་ཕ་རོལ་ཏུ་ཕྱིན་པ་སྟོང་ཕྲག་བརྒྱ་པ།　2.བྲིས་བྱང་།

1.十萬頌般若波羅蜜多經　　2.抄經題記　　(5—3)

3

法 Pel.tib.1353　　1.ཤེས་རབ་ཀྱི་ཕ་རོལ་ཏུ་ཕྱིན་པ་སྟོང་ཕྲག་བརྒྱ་བ།　2.བྲིས་བྱང་།

1.十萬頌般若波羅蜜多經　　2.抄經題記　　(5—4)

4

法 Pel.tib.1353　　1.ཤེས་རབ་ཀྱི་ཕ་རོལ་ཏུ་ཕྱིན་པ་སྟོང་ཕྲག་བརྒྱ་པ།　2.ཞིས་བྱང་།

1.十萬頌般若波羅蜜多經　　2.抄經題記　　(5—5)

5

法 Pel.tib.1354　　1.ཤེས་རབ་ཀྱི་ཕ་རོལ་དུ་ཕྱིན་པ་སྟོང་ཕྲག་བཅུའ་པ་དུམ་བུ་གཉིས་པ་བམ་པོ་སུམ་ཅུ་ལྔའོ།།

1.十萬頌般若波羅蜜多經第二函第三十五卷　　(4—1)

6

法 Pel.tib.1354　　1.ཤེས་རབ་ཀྱི་ཕ་རོལ་ཏུ་ཕྱིན་པ་སྟོང་ཕྲག་བརྒྱ་པ་དུམ་བུ་གཉིས་པ་བམ་པོ་སུམ་ཅུ་ལྔ་པོ།།

1.十萬頌般若波羅蜜多經第二函第三十五卷　　(4—2)

法 Pel.tib.1354　　1.ཤེས་རབ་ཀྱི་ཕ་རོལ་དུ་ཕྱིན་པ་སྟོང་ཕྲག་བརྒྱ་བ་དུམ་བུ་གཉིས་པ་བམ་པོ་སུམ་ཅུ་ལྔ་འོ།།

1.十萬頌般若波羅蜜多經第二函第三十五卷　　(4—3)

法 Pel.tib.1354　　1.ཤེས་རབ་ཀྱི་ཕ་རོལ་ཏུ་ཕྱིན་པ་སྟོང་ཕྲག་བརྒྱ་བ་དུམ་བུ་གཉིས་པ་བམ་པོ་སུམ་ཅུ་ལྔ་འོ།　2.ཞིས་བྱང་།

1.十萬頌般若波羅蜜多經第二函第三十五卷　　2.抄寫校對題記　　(4—4)

9

法 Pel.tib.1355　　1.ཤེས་རབ་ཀྱི་ཕ་རོལ་ཏུ་ཕྱིན་པ་སྟོང་ཕྲག་བརྒྱ་བ་དུམ་བུ་གཉིས་པ་བམ་པོ་དྲུག་གོ།།

1.十萬頌般若波羅蜜多經第二函第六卷　　(10—1)

10

法 Pel.tib.1355　　2.ཤེས་རབ་ཀྱི་ཕ་རོལ་ཏུ་ཕྱིན་པ་སྟོང་ཕྲག་བརྒྱ་བ་དུམ་བུ་གཉིས་པ་བམ་པོ་བརྒྱད་དོ།།

2.十萬頌般若波羅蜜多經第二函第八卷　　(10—2)

法 Pel.tib.1355　　3.ཤེས་རབ་ཀྱི་ཕ་རོལ་ཏུ་ཕྱིན་པ་སྟོང་ཕྲག་བརྒྱ་པ་དུམ་བུ་གཉིས་པ་བམ་པོ་བཅུ་བཞི་པོ།།

3.十萬頌般若波羅蜜多經第二函第十四卷　　(10—3)

4.ཤེས་རབ་ཀྱི་ཕ་རོལ་ཏུ་ཕྱིན་པ་སྟོང་ཕྲག་བརྒྱད་པ་དུམ་བུ་གཉིས་པ་བམ་པོ་སུམ་ཅུ་རྩ་དྲུག་གོ། །

4.十萬頌般若波羅蜜多經第二函第三十六卷　　(10—4)

13

法 Pel.tib.1355

5.ཤེས་རབ་ཀྱི་ཕ་རོལ་ཏུ་ཕྱིན་པ་སྟོང་ཕྲག་བརྒྱ་པ་དུམ་བུ་གཉིས་པ་བམ་པོ་སུམ་ཅུ་རྩ་དགུའ་འོ།།

5.十萬頌般若波羅蜜多經第二函第三十九卷   (10—5)

14

法 Pel.tib.1355　　6.ཤེས་རབ་ཀྱི་ཕ་རོལ་ཏུ་ཕྱིན་པ་སྟོང་ཕྲག་བརྒྱ་པ་དུམ་བུ་གཉིས་པ་བམ་པོ་བཞི་བཅུ་གཅིག་གོ། །

6.十萬頌般若波羅蜜多經第二函第四十一卷　　　(10—6)

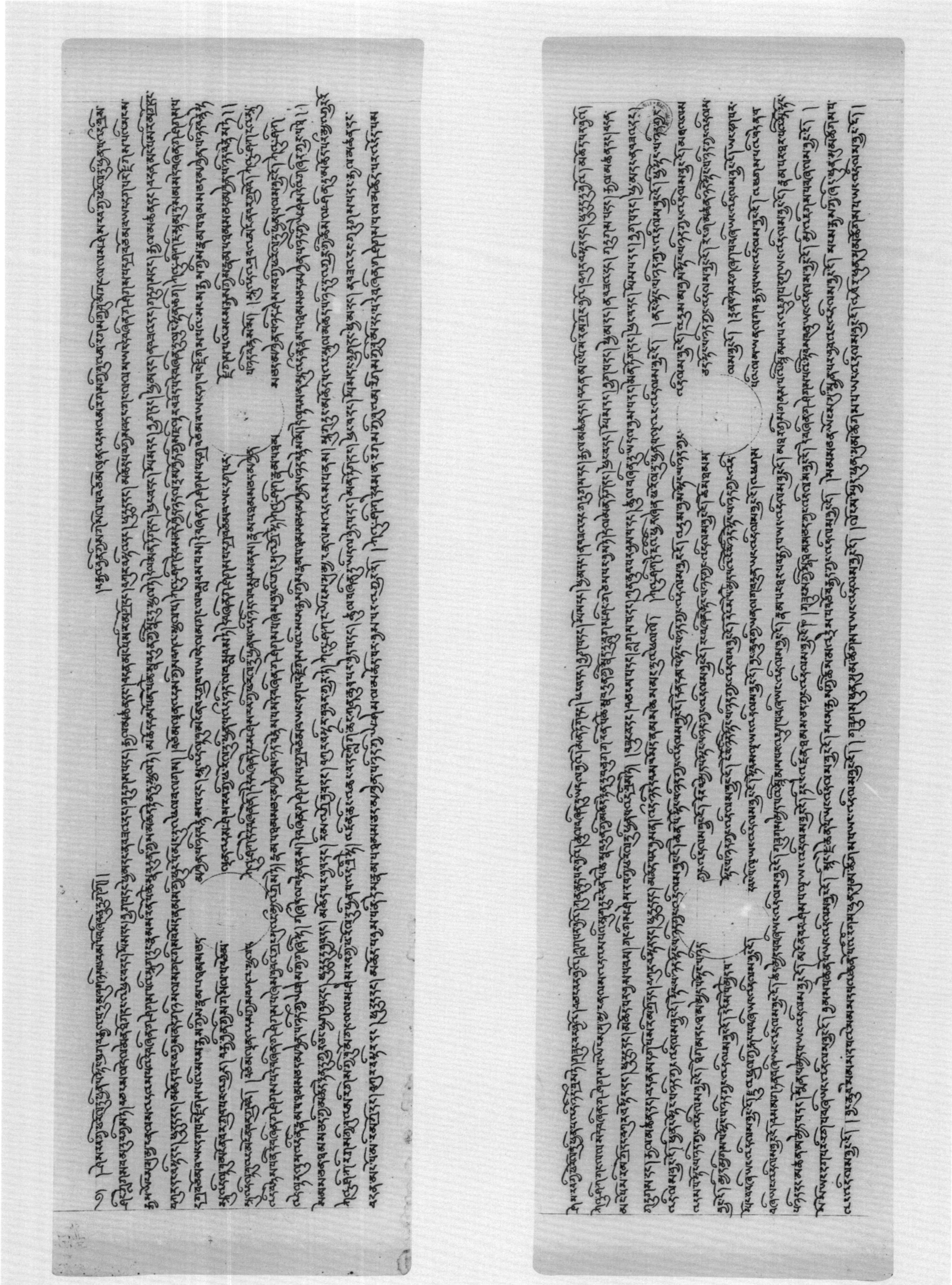

法 Pel.tib.1355 7.ཤེས་རབ་ཀྱི་ཕ་རོལ་ཏུ་ཕྱིན་པ་སྟོང་ཕྲག་བརྒྱ་པ་དུམ་བུ་གཉིས་པ་བམ་པོ་བཞི་བཅུ་དྲུག་གོ། །

7.十萬頌般若波羅蜜多經第二函第四十六卷 (10—7)

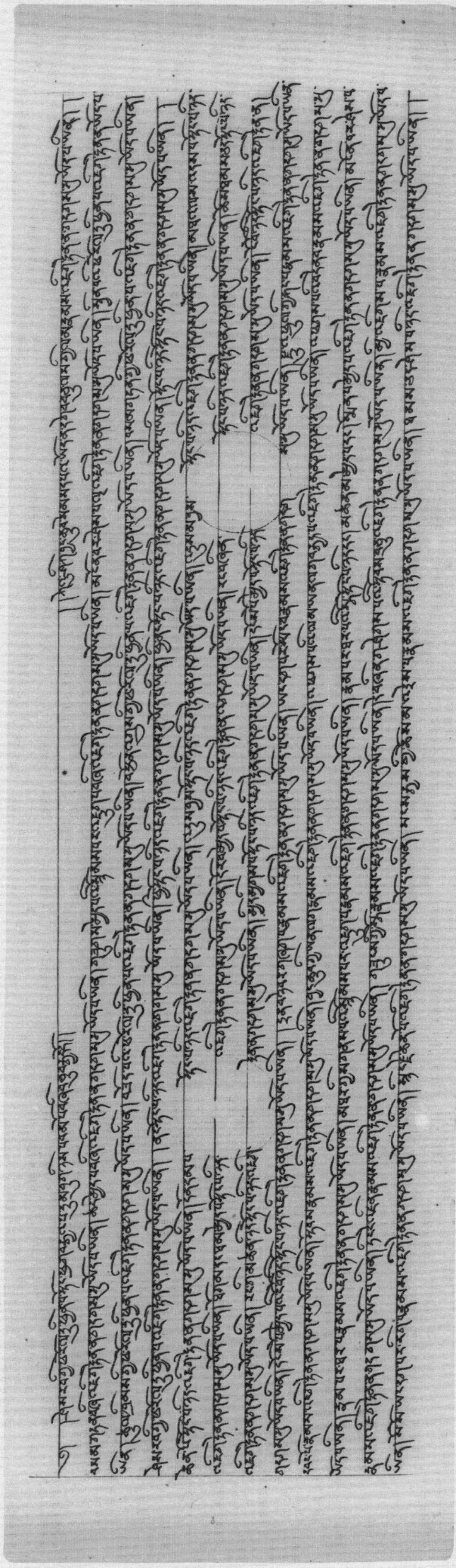

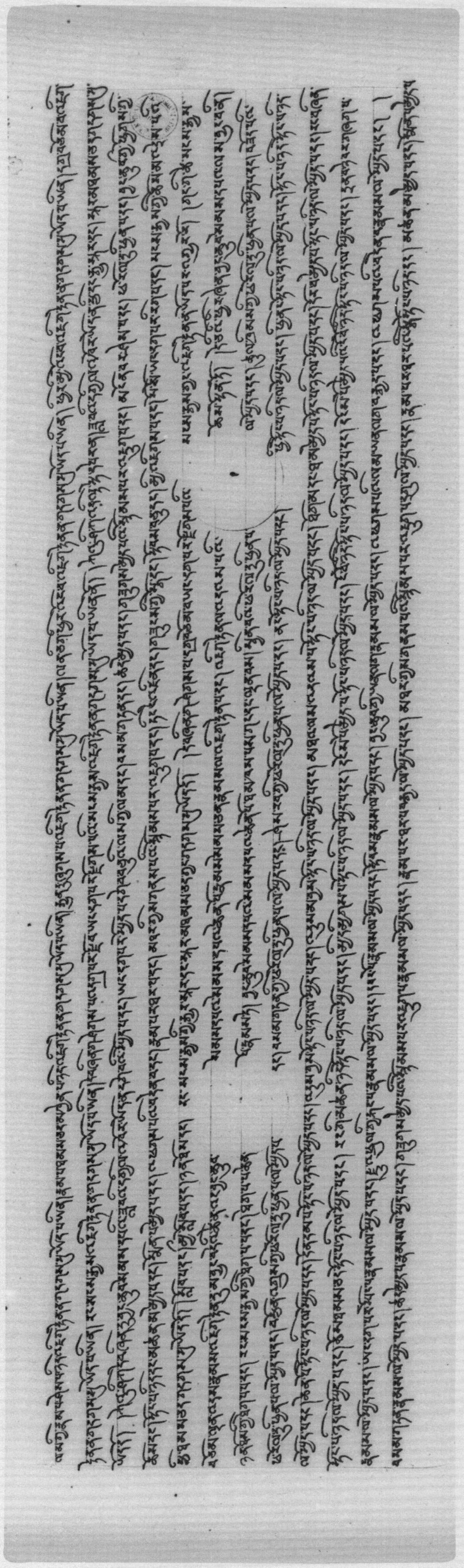

法 Pel.tib.1355　8.ཤེས་རབ་ཀྱི་ཕ་རོལ་ཏུ་ཕྱིན་པ་སྟོང་ཕྲག་བརྒྱ་པ་དུམ་བུ་གཉིས་པ་བམ་པོ་བཞི་བཅུ་བརྒྱད་དོ།།

8.十萬頌般若波羅蜜多經第二函第四十八卷　(10—8)

法 Pel.tib.1355　　9.ཤེས་རབ་ཀྱི་ཕ་རོལ་ཏུ་ཕྱིན་པ་སྟོང་ཕྲག་བརྒྱ་བ་དུམ་བུ་གཉིས་པ་བམ་པོ་ལྔ་བཅུ་པ།།

9.十萬頌般若波羅蜜多經第二函第五十卷　　(10—9)

18

法 Pel.tib.1355

10.ཤེས་རབ་ཀྱི་ཕ་རོལ་དུ་ཕྱིན་པ་སྟོང་ཕྲག་བརྒྱ་པ་དུམ་བུ་གཉིས་པ་བམ་པོ་ལྔ་བཅུ་གཅིག་གོ།།

11.ཤེས་རབ་ཀྱི་ཕ་རོལ་དུ་ཕྱིན་པ་སྟོང་ཕྲག་བརྒྱ་པ་དུམ་བུ་གཉིས་པ་བམ་པོ་ལྔ་བཅུ་གཉིས་སོ།།

10.十萬頌般若波羅蜜多經第二函第五十一卷

11.十萬頌般若波羅蜜多經第二函第五十二卷　　(10—10)

19

法 Pel.tib.1356　　1.ཤེས་རབ་ཀྱི་ཕ་རོལ་ཏུ་ཕྱིན་པ་སྟོང་ཕྲག་བརྒྱ་པ་དུམ་བུ་གཉིས་པ་བམ་པོ་ལྔའོ། །

1.十萬頌般若波羅蜜多經第二函第五卷　　(3—1)

法 Pel.tib.1356　　2.ནེས་རབ་ཀྱི་ཕ་རོལ་ཏུ་ཕྱིན་པ་སྟོང་ཕྲག་བརྒྱ་བ་དུམ་བུ་གཉིས་པ་བམ་པོ་སུ་བཅོ་བརྒྱད་དོ། །

2.十萬頌般若波羅蜜多經第二函第十八卷　　(3—2)

法 Pel.tib.1356

22

3.ཤེས་རབ་ཀྱི་ཕ་རོལ་དུ་ཕྱིན་པ་སྟོང་ཕྲག་བརྒྱ་པ་དུམ་བུ་གཉིས་པ་བམ་པོ་བཞི་བཅུ་གཅིག་གོ།།

4.ཤེས་རབ་ཀྱི་ཕ་རོལ་དུ་ཕྱིན་པ་སྟོང་ཕྲག་བརྒྱ་པ་དུམ་བུ་གཉིས་པ་བམ་པོ་བཞི་བཅུ་གཉིས་སོ།།

3.十萬頌般若波羅蜜多經第二函第四十一卷

4.十萬頌般若波羅蜜多經第二函第四十二卷　　(3—3)

法 Pel.tib.1357　　ཤེས་རབ་ཀྱི་ཕ་རོལ་ཏུ་ཕྱིན་པ་སྟོང་ཕྲག་བརྒྱ་པ།

十萬頌般若波羅蜜多經　　(6—1)

法 Pel.tib.1357　ཤེས་རབ་ཀྱི་ཕ་རོལ་ཏུ་ཕྱིན་པ་སྟོང་ཕྲག་བརྒྱ་བ།

十萬頌般若波羅蜜多經　　(6—2)

24

法 Pel.tib.1357　　ཤེས་རབ་ཀྱི་ཕ་རོལ་ཏུ་ཕྱིན་པ་སྟོང་ཕྲག་བརྒྱ་བ།

十萬頌般若波羅蜜多經　　(6—3)

法 Pel.tib.1357　　ཤེས་རབ་ཀྱི་ཕ་རོལ་ཏུ་ཕྱིན་པ་སྟོང་ཕྲག་བརྒྱ་བ།

十萬頌般若波羅蜜多經　　（6—4）

法 Pel.tib.1357　　ཤེས་རབ་ཀྱི་ཕ་རོལ་ཏུ་ཕྱིན་པ་སྟོང་ཕྲག་བརྒྱ་པ།

十萬頌般若波羅蜜多經　　（6—5）

法 Pel.tib.1357　　ཤེས་རབ་ཀྱི་ཕ་རོལ་ཏུ་ཕྱིན་པ་སྟོང་ཕྲག་བརྒྱ་པ།

十萬頌般若波羅蜜多經　　(6—6)

法 Pel.tib.1358　　1.ཤེས་རབ་ཀྱི་ཕ་རོལ་ཏུ་ཕྱིན་པ་སྟོང་ཕྲག་བརྒྱ་བ།

1.十萬頌般若波羅蜜多經　　(10—1)

法 Pel.tib.1358　　1.ཤེས་རབ་ཀྱི་ཕ་རོལ་ཏུ་ཕྱིན་པ་སྟོང་ཕྲག་བརྒྱ་བ།

1.十萬頌般若波羅蜜多經　　(10—2)

法 Pel.tib.1358　　1.ཤེས་རབ་ཀྱི་ཕ་རོལ་ཏུ་ཕྱིན་པ་སྟོང་ཕྲག་བརྒྱ་པ།

1.十萬頌般若波羅蜜多經　　(10—3)

法 Pel.tib.1358　　1.ཤེས་རབ་ཀྱི་ཕ་རོལ་ཏུ་ཕྱིན་པ་སྟོང་ཕྲག་བརྒྱ་བ།

1.十萬頌般若波羅蜜多經　　（10—4）

法 Pel.tib.1358　　1.ཤེས་རབ་ཀྱི་ཕ་རོལ་ཏུ་ཕྱིན་པ་སྟོང་ཕྲག་བརྒྱ་པ།

1.十萬頌般若波羅蜜多經　　(10—5)

法 Pel.tib.1358　　1.ཤེས་རབ་ཀྱི་ཕ་རོལ་ཏུ་ཕྱིན་པ་སྟོང་ཕྲག་བརྒྱ་བ།

1.十萬頌般若波羅蜜多經　　(10—6)

法 Pel.tib.1358　　1.ཤེས་རབ་ཀྱི་ཕ་རོལ་ཏུ་ཕྱིན་པ་སྟོང་ཕྲག་བརྒྱ་བ།

1.十萬頌般若波羅蜜多經　　(10—7)

法 Pel.tib.1358　　1.ཤེས་རབ་ཀྱི་ཕ་རོལ་དུ་ཕྱིན་པ་སྟོང་ཕྲག་བརྒྱ་བ།

1.十萬頌般若波羅蜜多經　　(10—8)

法 Pel.tib.1358　　1.ཤེས་རབ་ཀྱི་ཕ་རོལ་ཏུ་ཕྱིན་པ་སྟོང་ཕྲག་བརྒྱ་བ།

1.十萬頌般若波羅蜜多經　　(10—9)

法 Pel.tib.1358　　1.ཤེས་རབ་ཀྱི་ཕ་རོལ་ཏུ་ཕྱིན་པ་སྟོང་ཕྲག་བརྒྱ་བ།　　2.བྲིས་བྱང་།

1.十萬頌般若波羅蜜多經　　2.抄寫校對題記　　（10—10）

法 Pel.tib.1359　　1.ཤེས་རབ་ཀྱི་ཕ་རོལ་དུ་ཕྱིན་པ་སྟོང་ཕྲག་བརྒྱ་པ་ལས་ཉི་ཤུ་གཉིས་སོ། །

2.ཤེས་རབ་ཀྱི་ཕ་རོལ་དུ་ཕྱིན་པ་སྟོང་ཕྲག་བརྒྱ་པ་ལས་ཉི་ཤུ་གསུམ་མོ། །

1.十萬頌般若波羅蜜多經第十二品

2.十萬頌般若波羅蜜多經第十三品

39

1.ཤེས་རབ་ཀྱི་ཕ་རོལ་དུ་ཕྱིན་པ་སྟོང་ཕྲག་བརྒྱ་པ་ལས་ཞེའུ་བཅུ་དགུ་འོ།།

2.ཤེས་རབ་ཀྱི་ཕ་རོལ་དུ་ཕྱིན་པ་སྟོང་ཕྲག་བརྒྱ་པ་ལས་ཞེའུ་ཉི་ཤུ་འོ།།

1.十萬頌般若波羅蜜多經第十九品

2.十萬頌般若波羅蜜多經第二十品　　　(37—1)

法 Pel.tib.1360　2.ཤེས་རབ་ཀྱི་ཕ་རོལ་དུ་ཕྱིན་པ་སྟོང་ཕྲག་བརྒྱ་པ་ལས་ཞེའུ་ཉི་ཤུ་པོ།།

3.ཤེས་རབ་ཀྱི་ཕ་རོལ་དུ་ཕྱིན་པ་སྟོང་ཕྲག་བརྒྱ་པ་ལས་ཞེའུ་ཉི་ཤུ་གཅིག་གོ།།

ཤེས་རབ་ཀྱི་ཕ་རོལ་ཏུ་ཕྱིན་པ་སྟོང་ཕྲག་བརྒྱ་པ།

4.十萬頌般若波羅蜜多經　　(37—3)

法 Pel.tib.1360　4.ཤེས་རབ་ཀྱི་པ་རོལ་ཏུ་ཕྱིན་པ་སྟོང་ཕྲག་བརྒྱ་བ།

4.十萬頌般若波羅蜜多經　　(37—4)

4.ཤེས་རབ་ཀྱི་ཕ་རོལ་ཏུ་ཕྱིན་པ་སྟོང་ཕྲག་བརྒྱ་བ།

4.十萬頌般若波羅蜜多經　　(37—5)

法 Pel.tib.1360　4.ཤེས་རབ་ཀྱི་ཕ་རོལ་ཏུ་ཕྱིན་པ་སྟོང་ཕྲག་བརྒྱ་བ།

4.十萬頌般若波羅蜜多經　　(37—6)

法 Pel.tib.1360　　4.ཤེས་རབ་ཀྱི་ཕ་རོལ་ཏུ་ཕྱིན་པ་སྟོང་ཕྲག་བརྒྱ་པ།

4.十萬頌般若波羅蜜多經　　(37—7)

法 Pel.tib.1360　　4.ཤེས་རབ་ཀྱི་ཕ་རོལ་ཏུ་ཕྱིན་པ་སྟོང་ཕྲག་བརྒྱ་བ།

4.十萬頌般若波羅蜜多經　　(37—8)

法 Pel.tib.1360　　4.ཤེས་རབ་ཀྱི་ཕ་རོལ་ཏུ་ཕྱིན་པ་སྟོང་ཕྲག་བརྒྱ་བ།

4.十萬頌般若波羅蜜多經　　(37—9)

48

法 Pel.tib.1360　　4.ཤེས་རབ་ཀྱི་ཕ་རོལ་ཏུ་ཕྱིན་པ་སྟོང་ཕྲག་བརྒྱ་བ།

4.十萬頌般若波羅蜜多經　　(37—10)

法 Pel.tib.1360　4.ཤེས་རབ་ཀྱི་ཕ་རོལ་ཏུ་ཕྱིན་པ་སྟོང་ཕྲག་བརྒྱ་བ།

4.十萬頌般若波羅蜜多經　　(37—11)

50

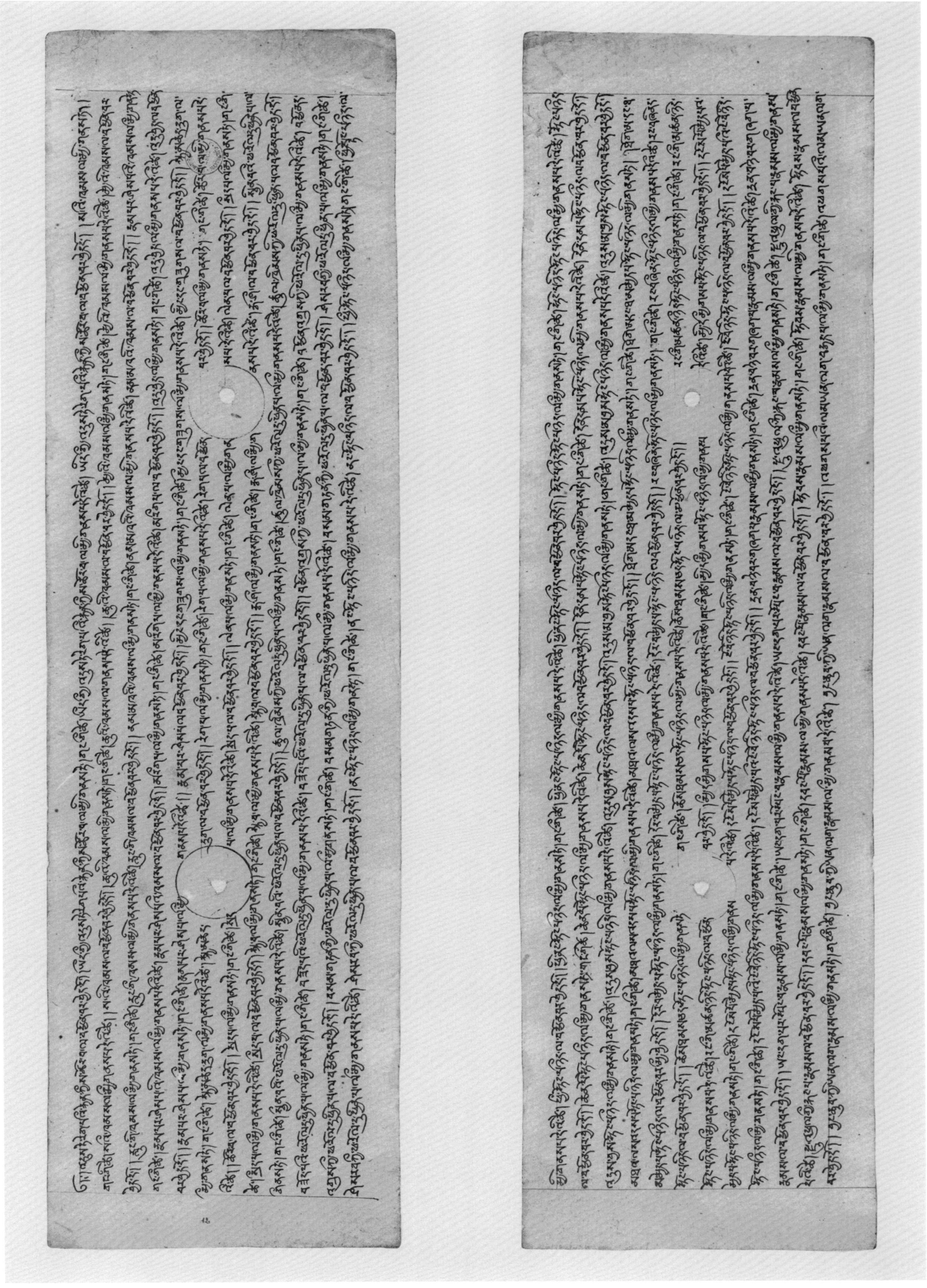

法 Pel.tib.1360　　4.ཤེས་རབ་ཀྱི་ཕ་རོལ་ཏུ་ཕྱིན་པ་སྟོང་ཕྲག་བརྒྱ་པ།

4.十萬頌般若波羅蜜多經　　(37—12)

4.ཤེས་རབ་ཀྱི་ཕ་རོལ་ཏུ་ཕྱིན་པ་སྟོང་ཕྲག་བརྒྱ་པ།

4.十萬頌般若波羅蜜多經　　(37—13)

法 Pel.tib.1360　　4.ཤེས་རབ་ཀྱི་ཕ་རོལ་ཏུ་ཕྱིན་པ་སྟོང་ཕྲག་བརྒྱ་པ།

4.十萬頌般若波羅蜜多經　　(37—14)

法 Pel.tib.1360　　4.ཤེས་རབ་ཀྱི་ཕ་རོལ་ཏུ་ཕྱིན་པ་སྟོང་ཕྲག་བརྒྱ་པ།

4.十萬頌般若波羅蜜多經　　(37—15)

法 Pel.tib.1360　　4.ཤེས་རབ་ཀྱི་པ་རོལ་ཏུ་ཕྱིན་པ་སྟོང་ཕྲག་བརྒྱ་བ།

4.十萬頌般若波羅蜜多經　　(37—16)

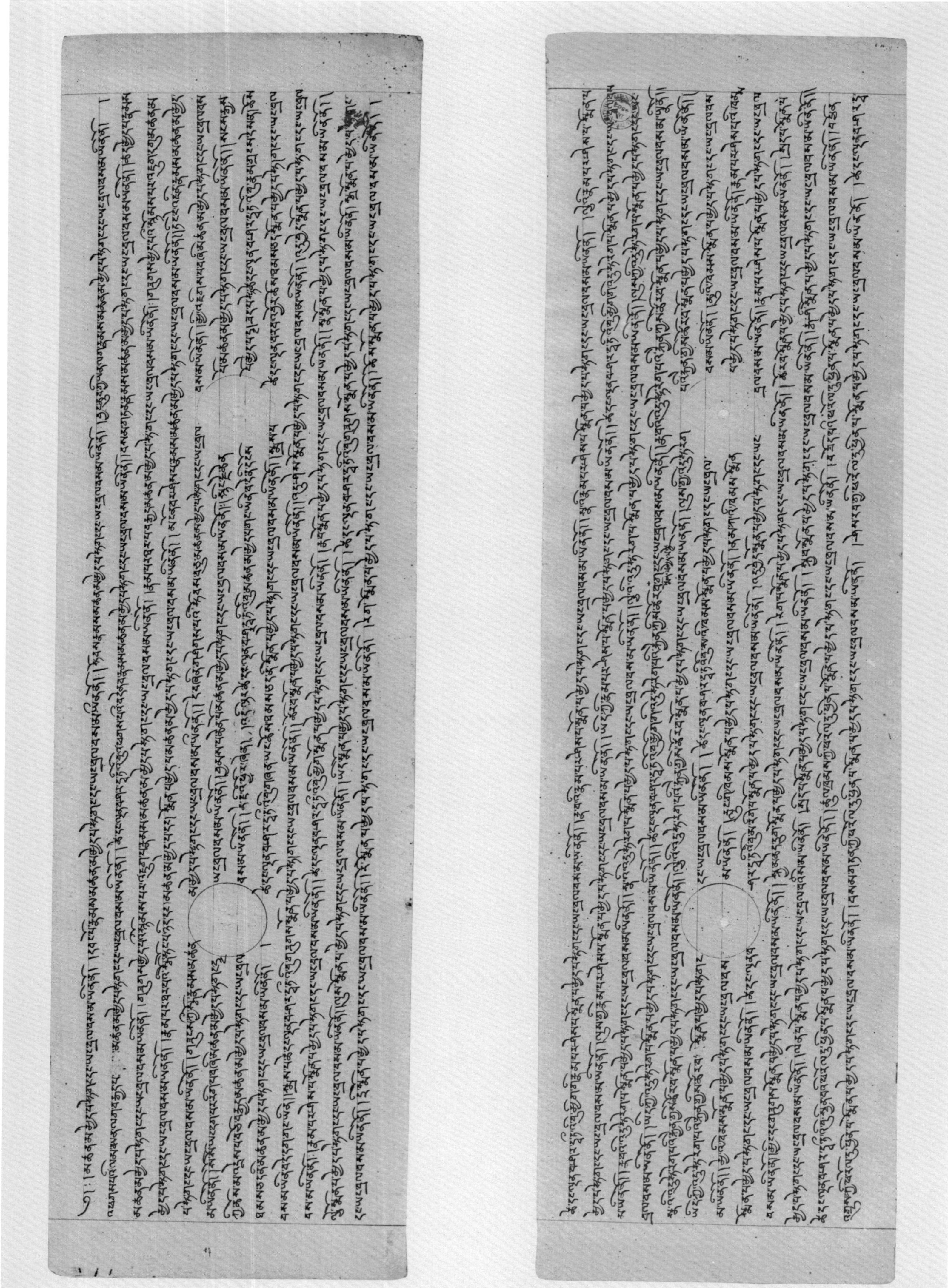

法 Pel.tib.1360　　4.ཤེས་རབ་ཀྱི་ཕ་རོལ་ཏུ་ཕྱིན་པ་སྟོང་ཕྲག་བརྒྱ་པ།

4.十萬頌般若波羅蜜多經　(37—17)

法 Pel.tib.1360　　4.ཤེས་རབ་ཀྱི་ཕ་རོལ་ཏུ་ཕྱིན་པ་སྟོང་ཕྲག་བརྒྱ་བ།

4.十萬頌般若波羅蜜多經　　(37—18)

4.ཤེས་རབ་ཀྱི་ཕ་རོལ་ཏུ་ཕྱིན་པ་སྟོང་ཕྲག་བརྒྱ་བ།

4.十萬頌般若波羅蜜多經　　(37—19)

法 Pel.tib.1360　　4.ཤེས་རབ་ཀྱི་ཕ་རོལ་ཏུ་ཕྱིན་པ་སྟོང་ཕྲག་བརྒྱ་བ།

4.十萬頌般若波羅蜜多經　　(37—20)

4.ཤེས་རབ་ཀྱི་ཕ་རོལ་ཏུ་ཕྱིན་པ་སྟོང་ཕྲག་བརྒྱ་བ།

4.十萬頌般若波羅蜜多經　　(37—21)

法 Pel.tib.1360　　4.ཤེས་རབ་ཀྱི་ཕ་རོལ་ཏུ་ཕྱིན་པ་སྟོང་ཕྲག་བརྒྱ་བ།

4.十萬頌般若波羅蜜多經　　(37—22)

4.ཤེས་རབ་ཀྱི་ཕ་རོལ་ཏུ་ཕྱིན་པ་སྟོང་ཕྲག་བརྒྱ་བ།

4.十萬頌般若波羅蜜多經　　(37—23)

法 Pel.tib.1360　　4.ཤེས་རབ་ཀྱི་ཕ་རོལ་ཏུ་ཕྱིན་པ་སྟོང་ཕྲག་བརྒྱ་པ།

4.十萬頌般若波羅蜜多經　　(37—24)

法 Pel.tib.1360　4.ཤེས་རབ་ཀྱི་ཕ་རོལ་དུ་ཕྱིན་པ་སྟོང་ཕྲག་བརྒྱ་པ།

4.十萬頌般若波羅蜜多經　　(37—25)

64

法 Pel.tib.1360　　4.ཤེས་རབ་ཀྱི་ཕ་རོལ་ཏུ་ཕྱིན་པ་སྟོང་ཕྲག་བརྒྱ་བ།

4.十萬頌般若波羅蜜多經　　(37—26)

ཤེས་རབ་ཀྱི་ཕ་རོལ་ཏུ་ཕྱིན་པ་སྟོང་ཕྲག་བརྒྱ་པ།

4.十萬頌般若波羅蜜多經　　(37—27)

法 Pel.tib.1360　4.ཤེས་རབ་ཀྱི་ཕ་རོལ་ཏུ་ཕྱིན་པ་སྟོང་ཕྲག་བརྒྱ་བ།

4.十萬頌般若波羅蜜多經　　(37—28)

法 Pel.tib.1360　4.ཤེས་རབ་ཀྱི་ཕ་རོལ་ཏུ་ཕྱིན་པ་སྟོང་ཕྲག་བརྒྱ་བ།

4.十萬頌般若波羅蜜多經　　(37—29)

法 Pel.tib.1360　　4.ཤེས་རབ་ཀྱི་ཕ་རོལ་ཏུ་ཕྱིན་པ་སྟོང་ཕྲག་བརྒྱ་བ།

4.十萬頌般若波羅蜜多經　　(37—30)

法 Pel.tib.1360　　4.ཤེས་རབ་ཀྱི་ཕ་རོལ་ཏུ་ཕྱིན་པ་སྟོང་ཕྲག་བརྒྱ་བ།

4.十萬頌般若波羅蜜多經　　(37—31)

法 Pel.tib.1360　4.ཤེས་རབ་ཀྱི་ཕ་རོལ་ཏུ་ཕྱིན་པ་སྟོང་ཕྲག་བརྒྱ་པ།

4.十萬頌般若波羅蜜多經　　(37—32)

法 Pel.tib.1360　　4.ཤེས་རབ་ཀྱི་ཕ་རོལ་ཏུ་ཕྱིན་པ་སྟོང་ཕྲག་བརྒྱ་པ།

4.十萬頌般若波羅蜜多經　　(37—33)

法 Pel.tib.1360　4.ཤེས་རབ་ཀྱི་ཕ་རོལ་ཏུ་ཕྱིན་པ་སྟོང་ཕྲག་བརྒྱ་པ།

4.十萬頌般若波羅蜜多經　　(37—34)

4.ཤེས་རབ་ཀྱི་ཕ་རོལ་ཏུ་ཕྱིན་པ་སྟོང་ཕྲག་བརྒྱ་བ།

4.十萬頌般若波羅蜜多經　　(37—35)

法 Pel.tib.1360　4.ཤེས་རབ་ཀྱི་ཕ་རོལ་ཏུ་ཕྱིན་པ་སྟོང་ཕྲག་བརྒྱ་པ།

4.十萬頌般若波羅蜜多經　　(37—36)

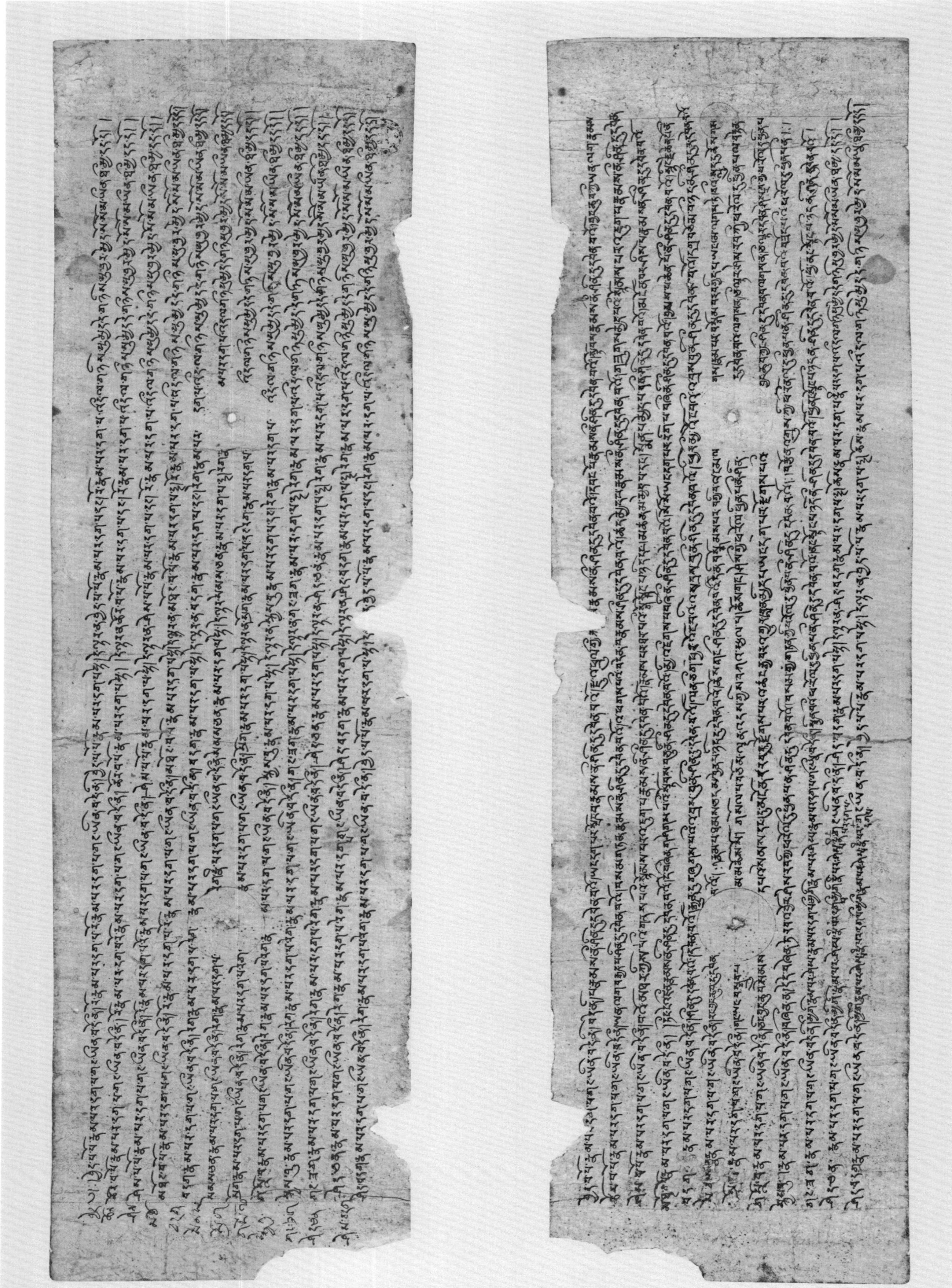

法 Pel.tib.1360　　4.ཤེས་རབ་ཀྱི་ཕ་རོལ་ཏུ་ཕྱིན་པ་སྟོང་ཕྲག་བརྒྱ་པ།

4.十萬頌般若波羅蜜多經　　(37—37)

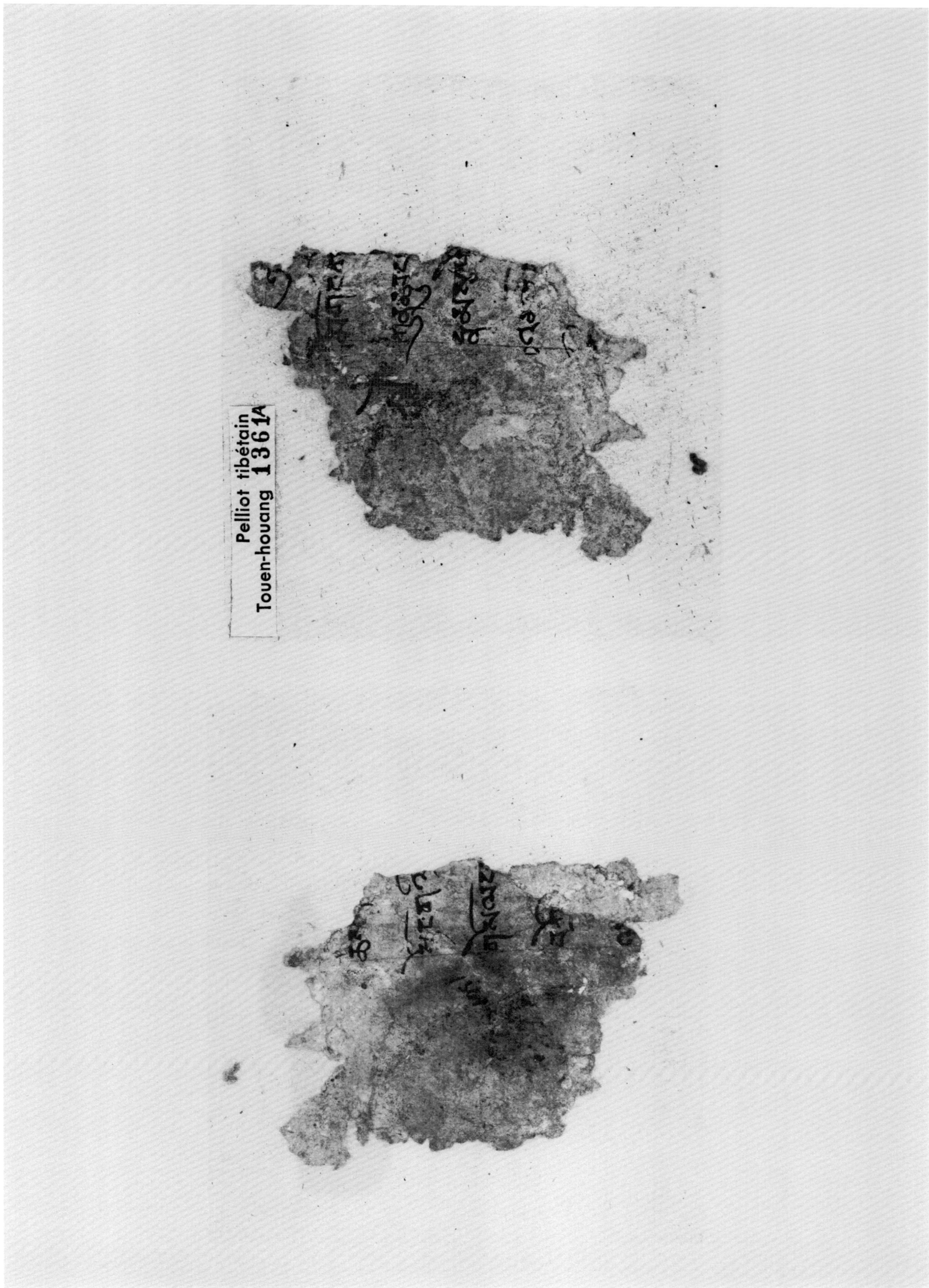

法 Pel.tib.1361　ཐར་ག།

殘卷　(2—1)

法 Pel.tib.1361　　ཐར་ག།

殘卷　　(2—2)

法 Pel.tib.1362　ཤེས་རབ་ཀྱི་ཕ་རོལ་དུ་ཕྱིན་པ་སྟོང་ཕྲག་བརྒྱ་པ།

十萬頌般若波羅蜜多經

法 Pel.tib.1363　ཤེས་རབ་ཀྱི་ཕ་རོལ་ཏུ་ཕྱིན་པ་སྟོང་ཕྲག་བརྒྱ་བ་དུམ་བུ་གཉིས་པ་བམ་པོ་བཞི་བཅུ་ལྔ་པོ། །

十萬頌般若波羅蜜多經第二函第四十五卷　　（3—1）

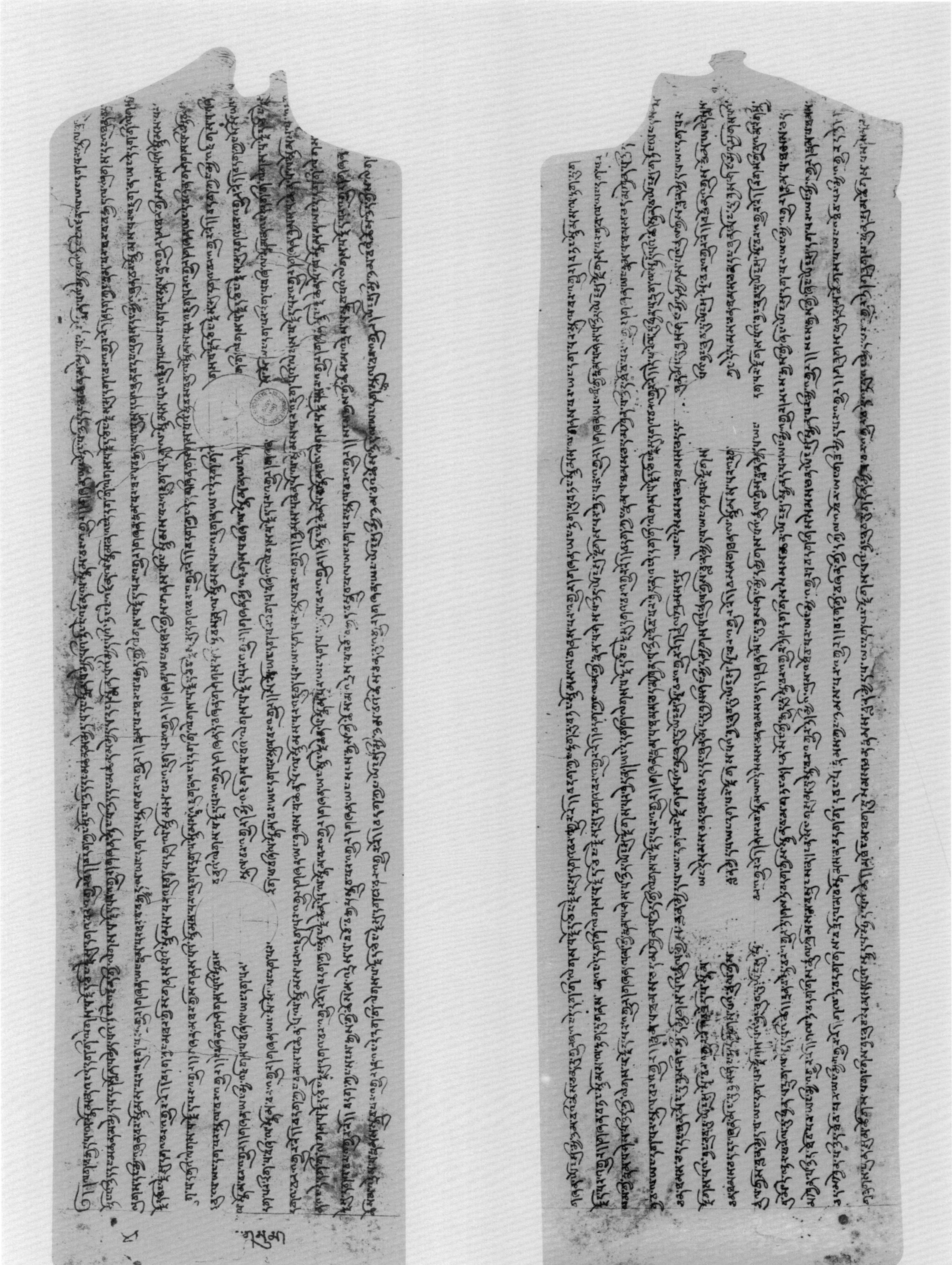

法 Pel.tib.1363　ཤེས་རབ་ཀྱི་ཕ་རོལ་ཏུ་ཕྱིན་པ་སྟོང་ཕྲག་བརྒྱ་པ་དུམ་བུ་གཉིས་པ་བམ་པོ་བཞི་བཅུ་ལྔ་པ། །

十萬頌般若波羅蜜多經第二函第四十五卷　(3—2)

ཤེས་རབ་ཀྱི་ཕ་རོལ་དུ་ཕྱིན་པ་སྟོང་ཕྲག་བརྒྱ་བ་དུམ་བུ་གཉིས་པ་བམ་པོ་བཞི་བཅུ་ལྔ་པོ། །

十萬頌般若波羅蜜多經第二函第四十五卷　　(3—3)

法 Pel.tib.1364　ཤེས་རབ་ཀྱི་ཕ་རོལ་ཏུ་ཕྱིན་པ་སྟོང་ཕྲག་བརྒྱ་པ།

十萬頌般若波羅蜜多經

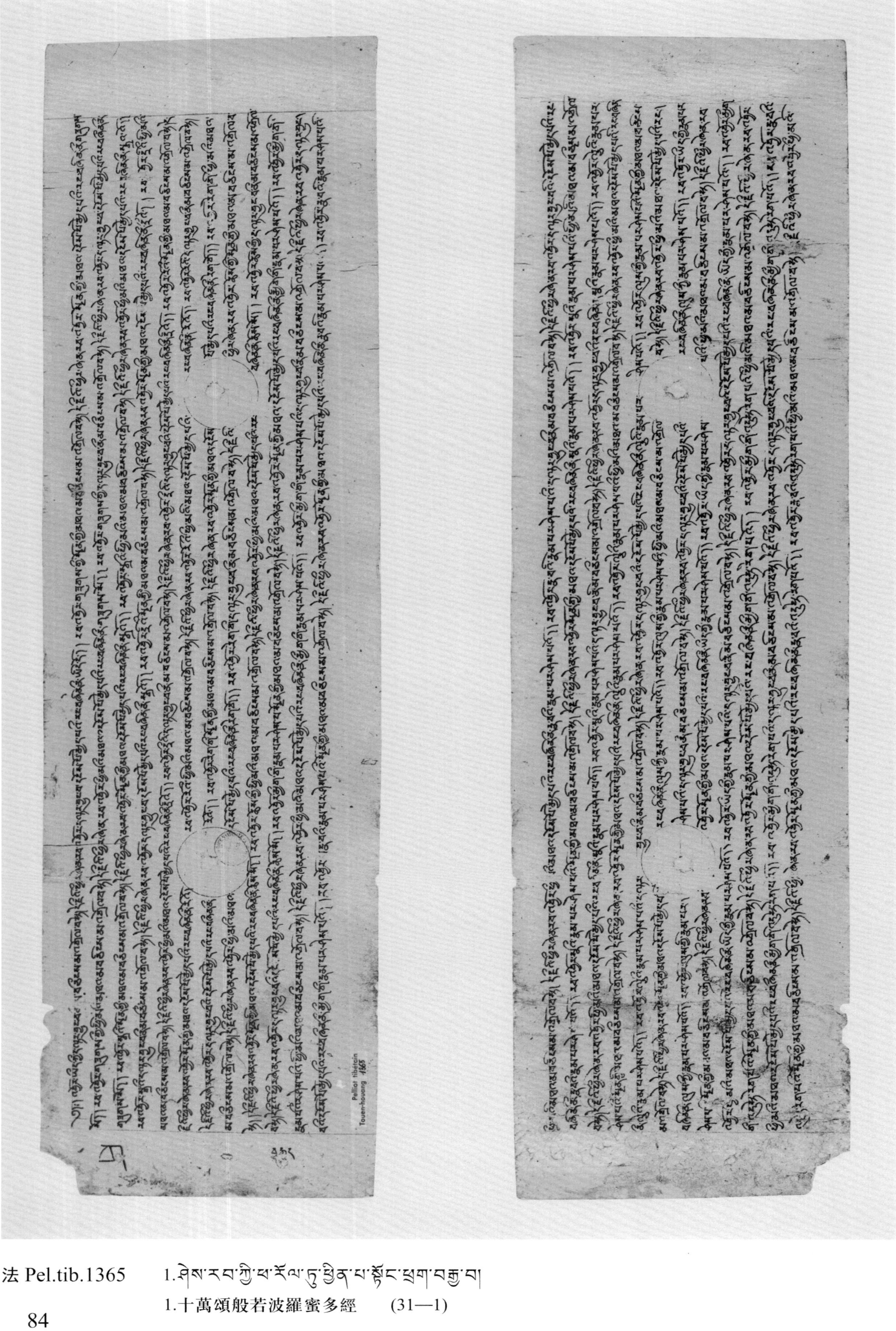

法 Pel.tib.1365　1.ཤེས་རབ་ཀྱི་ཕ་རོལ་ཏུ་ཕྱིན་པ་སྟོང་ཕྲག་བརྒྱ་པ།

1.十萬頌般若波羅蜜多經　(31—1)

法 Pel.tib.1365　　1.ཤེས་རབ་ཀྱི་ཕ་རོལ་དུ་ཕྱིན་པ་སྟོང་ཕྲག་བརྒྱ་བ།

1.十萬頌般若波羅蜜多經　　(31—2)

法 Pel.tib.1365　1.ཤེས་རབ་ཀྱི་ཕ་རོལ་ཏུ་ཕྱིན་པ་སྟོང་ཕྲག་བརྒྱ་པ།

1.十萬頌般若波羅蜜多經　　(31—3)

法 Pel.tib.1365　　1.ཤེས་རབ་ཀྱི་ཕ་རོལ་ཏུ་ཕྱིན་པ་སྟོང་ཕྲག་བརྒྱ་བ།

1.十萬頌般若波羅蜜多經　　(31—4)

法 Pel.tib.1365　　1.ཤེས་རབ་ཀྱི་ཕ་རོལ་ཏུ་ཕྱིན་པ་སྟོང་ཕྲག་བརྒྱ་བ།　2.བྲིས་བྱང་།

1.十萬頌般若波羅蜜多經　　2.抄寫校對題記　　(31—5)

法 Pel.tib.1365　　1.ཤེས་རབ་ཀྱི་ཕ་རོལ་ཏུ་ཕྱིན་པ་སྟོང་ཕྲག་བརྒྱ་བ།

1.十萬頌般若波羅蜜多經　　(31—6)

法 Pel.tib.1365　　1.ཤེས་རབ་ཀྱི་ཕ་རོལ་ཏུ་ཕྱིན་པ་སྟོང་ཕྲག་བརྒྱ་བ།

1.十萬頌般若波羅蜜多經　　(31—7)

法 Pel.tib.1365　　1.ཤེས་རབ་ཀྱི་ཕ་རོལ་ཏུ་ཕྱིན་པ་སྟོང་ཕྲག་བརྒྱ་བ།

1.十萬頌般若波羅蜜多經　　(31—8)

法 Pel.tib.1365　　1.ཤེས་རབ་ཀྱི་ཕ་རོལ་ཏུ་ཕྱིན་པ་སྟོང་ཕྲག་བརྒྱ་པ།

1.十萬頌般若波羅蜜多經　　(31—9)

法 Pel.tib.1365　3.ཤེས་རབ་ཀྱི་ཕ་རོལ་ཏུ་ཕྱིན་པ་སྟོང་ཕྲག་བརྒྱ་པ་དུམ་བུ་གསུམ་པ་བམ་པོ་ཉི་ཤུ་དྲུག་གོ།

3.十萬頌般若波羅蜜多經第三函第二十六卷　　(31—10)

93

4.ཤེས་རབ་ཀྱི་ཕ་རོལ་ཏུ་ཕྱིན་པ་སྟོང་ཕྲག་བརྒྱ་པ་དུམ་བུ་གསུམ་པ།

4.十萬頌般若波羅蜜多經第三函　　(31—11)

法 Pel.tib.1365　5.ཤེས་རབ་ཀྱི་ཕ་རོལ་ཏུ་ཕྱིན་པ་སྟོང་ཕྲག་བརྒྱ་པ་དུམ་བུ་གསུམ་པ་བམ་པོ་སུམ་ཅུ་ལྔ་འོ། །

5.十萬頌般若波羅蜜多經第三函第三十五卷　　(31—12)

法 Pel.tib.1365　6.ཤེས་རབ་ཀྱི་ཕ་རོལ་དུ་ཕྱིན་པ་སྟོང་ཕྲག་བརྒྱ་པ་དུམ་བུ་གསུམ་པ་བམ་པོ་སུམ་ཅུ་དྲུག་གོ །།

6.十萬頌般若波羅蜜多經第三函第三十六卷　　(31—13)

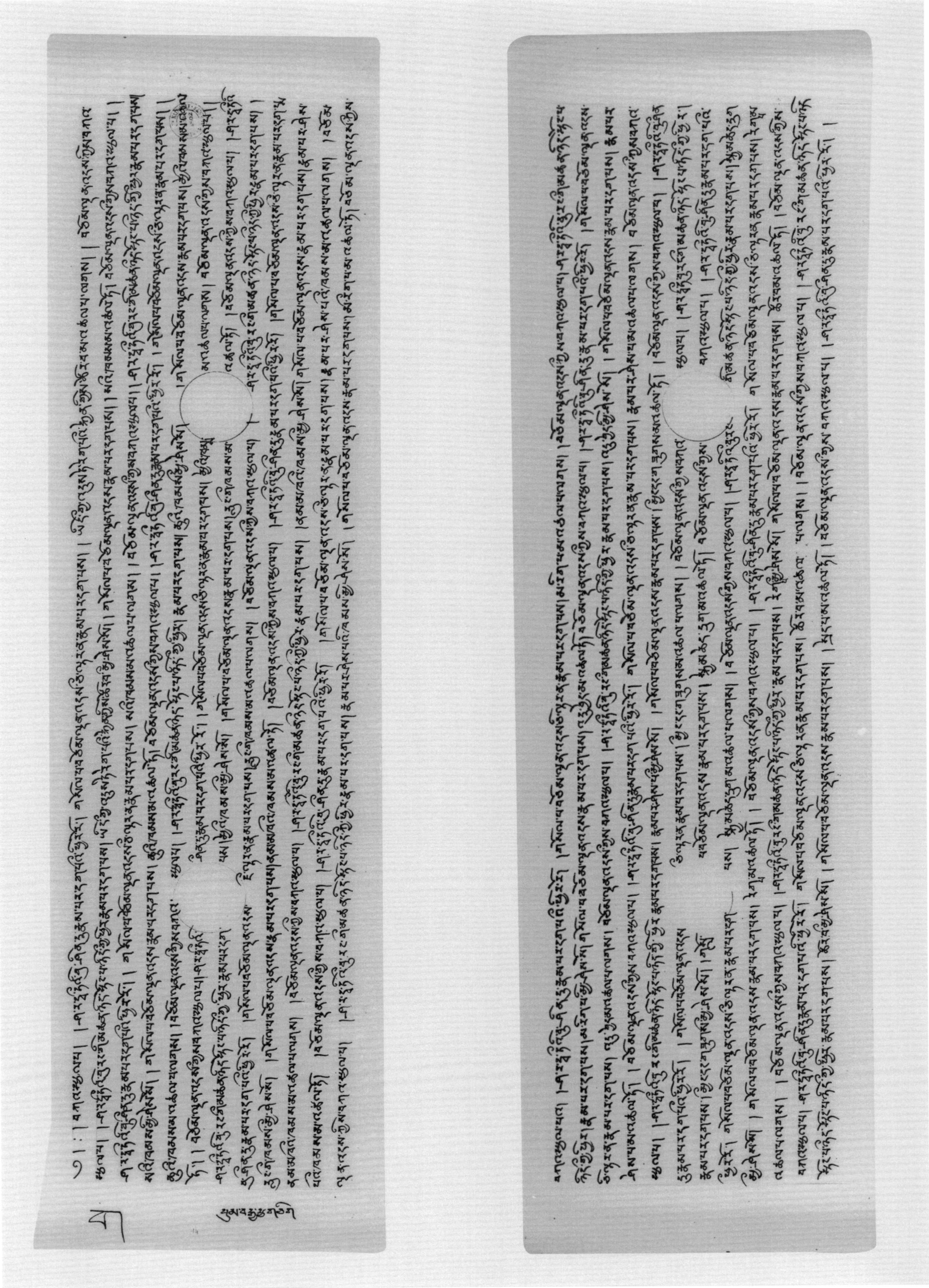

法 Pel.tib.1365　　6.ཤེས་རབ་ཀྱི་ཕ་རོལ་ཏུ་ཕྱིན་པ་སྟོང་ཕྲག་བརྒྱ་པ་དུམ་བུ་གསུམ་པ་བམ་པོ་སུམ་ཅུ་དྲུག་གོ། །

6.十萬頌般若波羅蜜多經第三函第三十六卷　(31—14)

6. ཤེས་རབ་ཀྱི་ཕ་རོལ་ཏུ་ཕྱིན་པ་སྟོང་ཕྲག་བརྒྱ་པ་དུམ་བུ་གསུམ་པ་བམ་པོ་སུམ་ཅུ་དྲུག་གོ །

6.十萬頌般若波羅蜜多經第三函第三十六卷　　　(31—15)

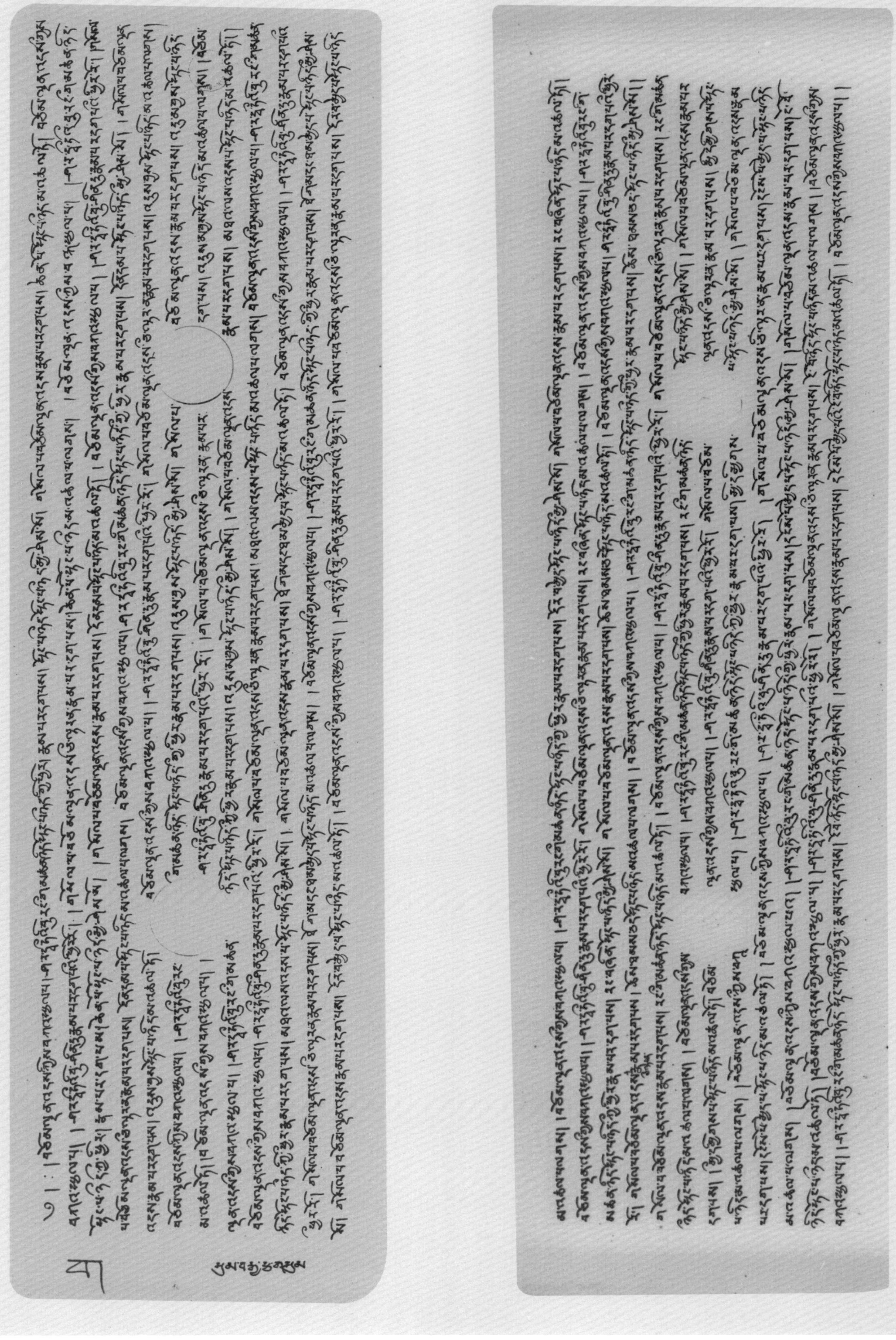

法 Pel.tib.1365　6.ཤེས་རབ་ཀྱི་ཕ་རོལ་ཏུ་ཕྱིན་པ་སྟོང་ཕྲག་བརྒྱ་པ་དུམ་བུ་གསུམ་པ་བམ་པོ་སུམ་ཅུ་དྲུག་གོ།། །

6.十萬頌般若波羅蜜多經第三函第三十六卷　(31—16)

6.ཤེས་རབ་ཀྱི་ཕ་རོལ་ཏུ་ཕྱིན་པ་སྟོང་ཕྲག་བརྒྱ་པ་དུམ་བུ་གསུམ་པ་བམ་པོ་སུམ་ཅུ་རྩ་དྲུག་གོ། །

6.十萬頌般若波羅蜜多經第三函第三十六卷　　(31—17)

法 Pel.tib.1365　6.ཤེས་རབ་ཀྱི་ཕ་རོལ་དུ་ཕྱིན་པ་སྟོང་ཕྲག་བརྒྱ་པ་དུམ་བུ་གསུམ་པ་བམ་པོ་སུམ་ཅུ་རྩ་དྲུག་གོ། །
2.བྲིས་བྱང་།

6.十萬頌般若波羅蜜多經第三函第三十六卷
2.抄寫校對題記　　(31—18)

ཤེས་རབ་ཀྱི་ཕ་རོལ་ཏུ་ཕྱིན་པ་སྟོང་ཕྲག་བརྒྱ་པ་དུམ་བུ་གསུམ་པ་བམ་པོ་སུམ་ཅུ་བདུན་ནོ།།

7.十萬頌般若波羅蜜多經第三函第三十七卷　　(31—19)

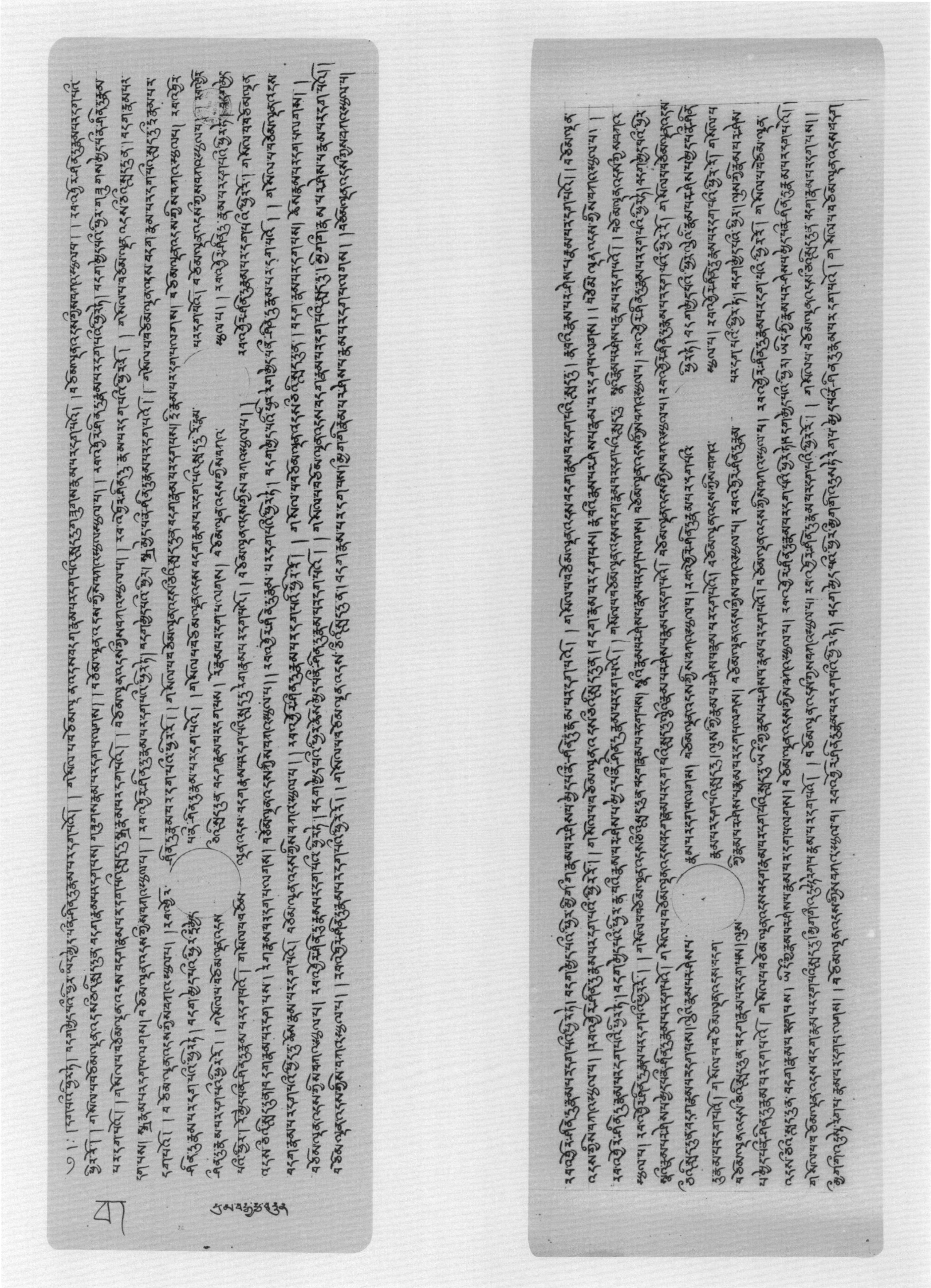

法 Pel.tib.1365　7.ཤེས་རབ་ཀྱི་ཕ་རོལ་ཏུ་ཕྱིན་པ་སྟོང་ཕྲག་བརྒྱ་པ་དུམ་བུ་གསུམ་པ་བམ་པོ་སུམ་ཅུ་བདུན་ནོ།།

7.十萬頌般若波羅蜜多經第三函第三十七卷　(31—20)

ཤེས་རབ་ཀྱི་ཕ་རོལ་ཏུ་ཕྱིན་པ་སྟོང་ཕྲག་བརྒྱ་པ་དུམ་བུ་གསུམ་པ་བམ་པོ་སུམ་ཅུ་བདུན་ནོ།།

7.十萬頌般若波羅蜜多經第三函第三十七卷　　(31—21)

法 Pel.tib.1365

7. ཤེས་རབ་ཀྱི་ཕ་རོལ་ཏུ་ཕྱིན་པ་སྟོང་ཕྲག་བརྒྱ་པ་དུམ་བུ་གསུམ་པ་བམ་པོ་སུམ་ཅུ་བདུན་ནོ།།

7.十萬頌般若波羅蜜多經第三函第三十七卷　　(31—22)

7.ཤེས་རབ་ཀྱི་ཕ་རོལ་ཏུ་ཕྱིན་པ་སྟོང་ཕྲག་བརྒྱ་པ་དུམ་བུ་གསུམ་པ་བམ་པོ་སུམ་ཅུ་བདུན་ནོ།།

7.十萬頌般若波羅蜜多經第三函第三十七卷　　(31—23)

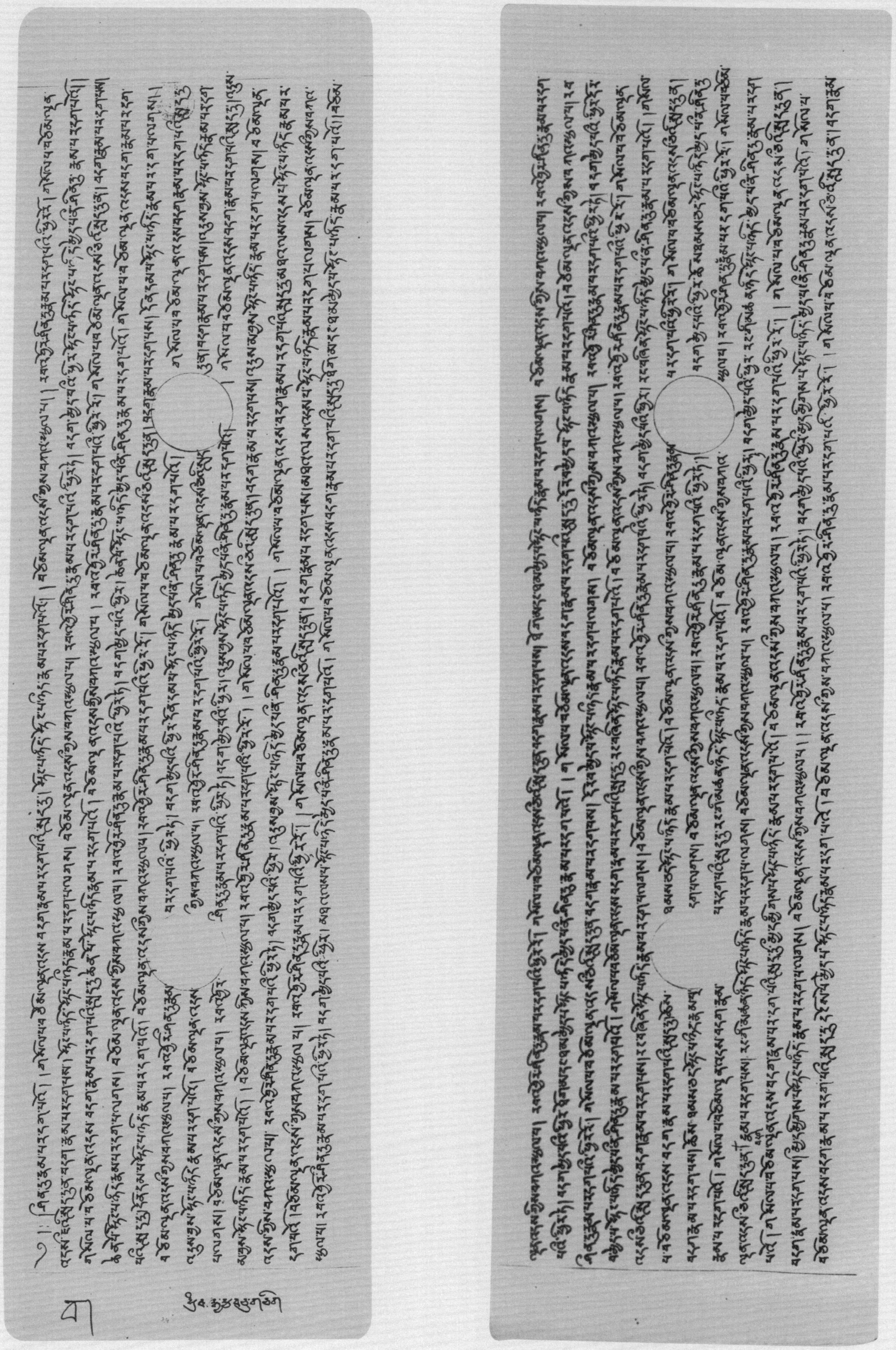

法 Pel.tib.1365　　7.ཤེས་རབ་ཀྱི་ཕ་རོལ་ཏུ་ཕྱིན་པ་སྟོང་ཕྲག་བརྒྱ་པ་དུམ་བུ་གསུམ་པ་བམ་པོ་སུམ་ཅུ་བདུན་ནོ།།

7.十萬頌般若波羅蜜多經第三函第三十七卷　　(31—24)

7.ཤེས་རབ་ཀྱི་ཕ་རོལ་དུ་ཕྱིན་པ་སྟོང་ཕྲག་བརྒྱ་པ་དུམ་བུ་གསུམ་པ་བམ་པོ་སུམ་ཅུ་བདུན་གོ །

7.十萬頌般若波羅蜜多經第三函第三十七卷　　(31—25)

法 Pel.tib.1365　7.ཤེས་རབ་ཀྱི་ཕ་རོལ་ཏུ་ཕྱིན་པ་སྟོང་ཕྲག་བརྒྱ་པ་དུམ་བུ་གསུམ་པ་བམ་པོ་སུམ་ཅུ་བདུན་ནོ།། །

7.十萬頌般若波羅蜜多經第三函第三十七卷　　(31—26)

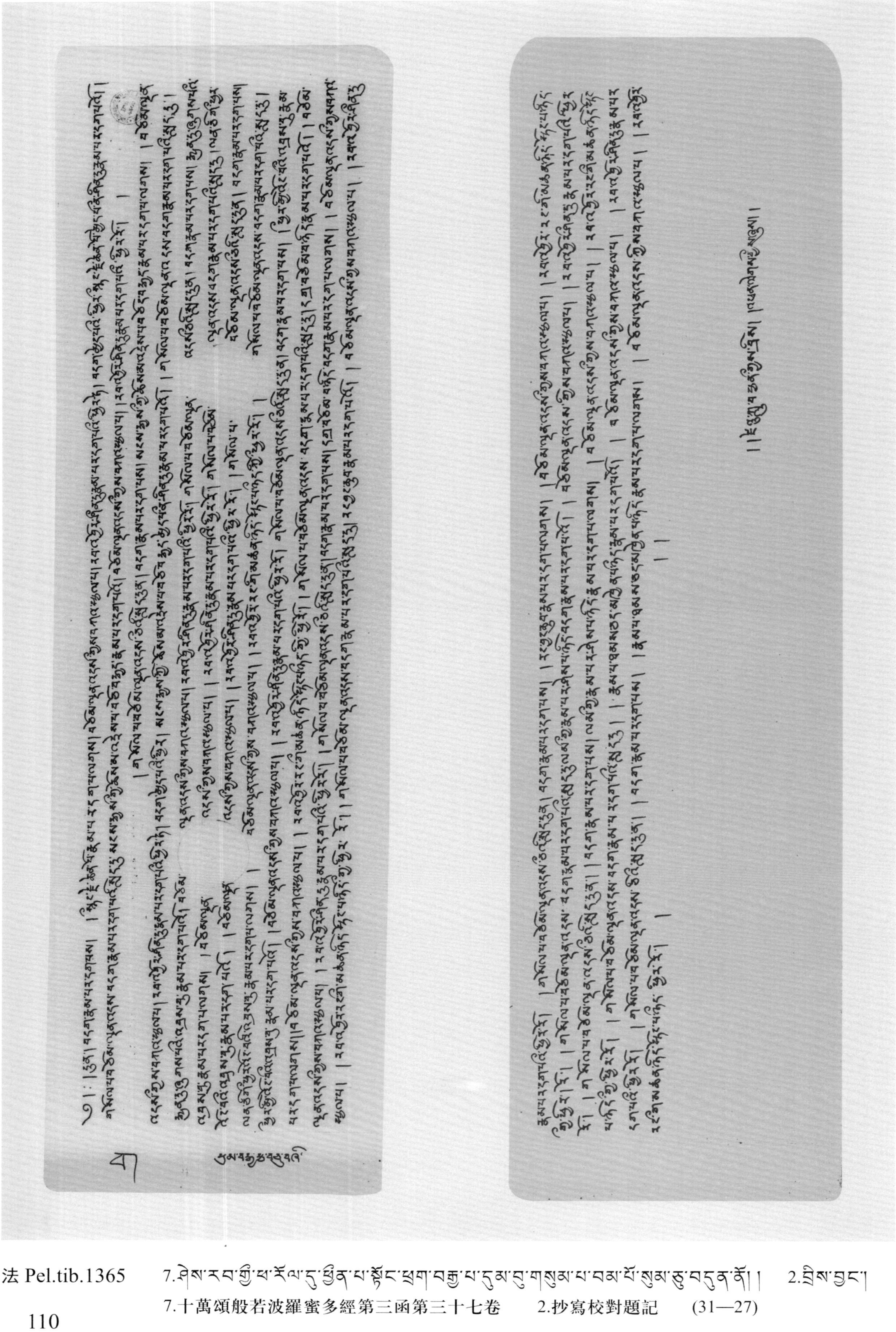

法 Pel.tib.1365　　7.ཤེས་རབ་ཀྱི་ཕ་རོལ་ཏུ་ཕྱིན་པ་སྟོང་ཕྲག་བརྒྱ་པ་དུམ་བུ་གསུམ་པ་བམ་པོ་སུམ་ཅུ་བདུན་བོ། །　2.བྲིས་བྱང་།

7.十萬頌般若波羅蜜多經第三函第三十七卷　2.抄寫校對題記　(31—27)

法 Pel.tib.1365　　1.ཤེས་རབ་ཀྱི་ཕ་རོལ་ཏུ་ཕྱིན་པ་སྟོང་ཕྲག་བརྒྱ་བ།

1.十萬頌般若波羅蜜多經　　（31—28）

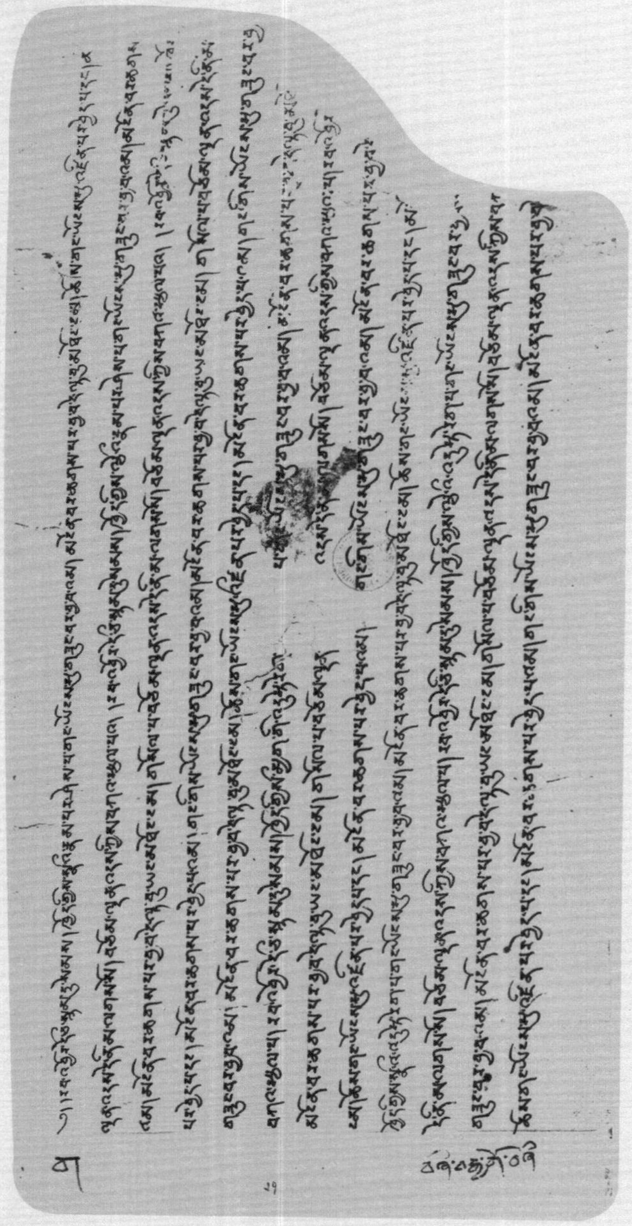

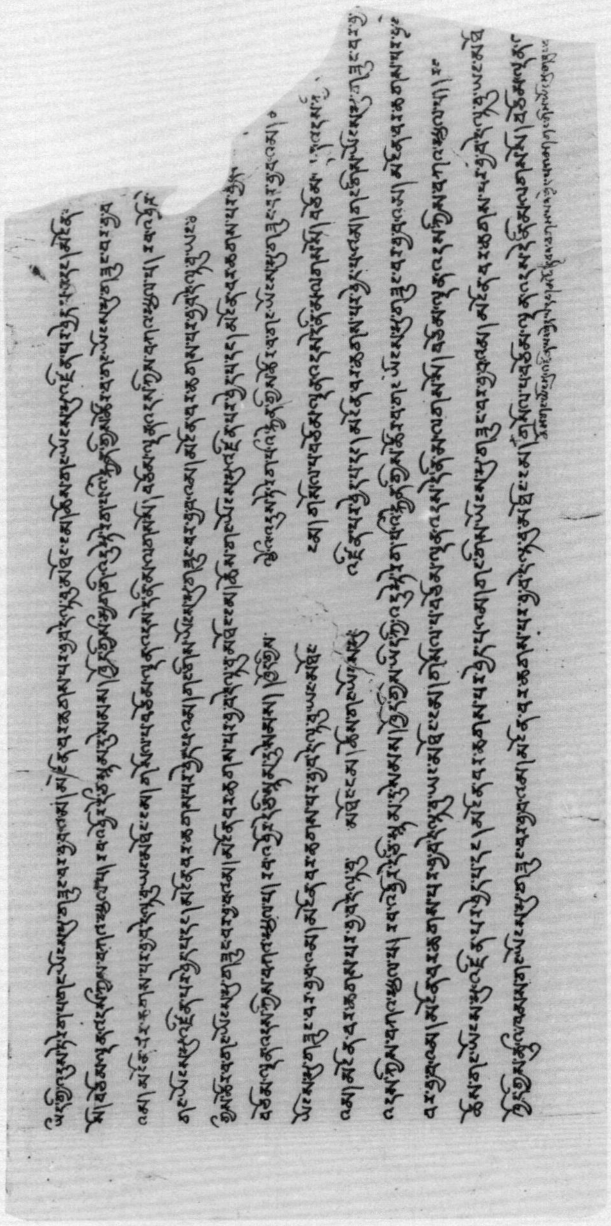

法 Pel.tib.1365　1.ཤེས་རབ་ཀྱི་ཕ་རོལ་ཏུ་ཕྱིན་པ་སྟོང་ཕྲག་བརྒྱ་པ།

1.十萬頌般若波羅蜜多經　(31—29)

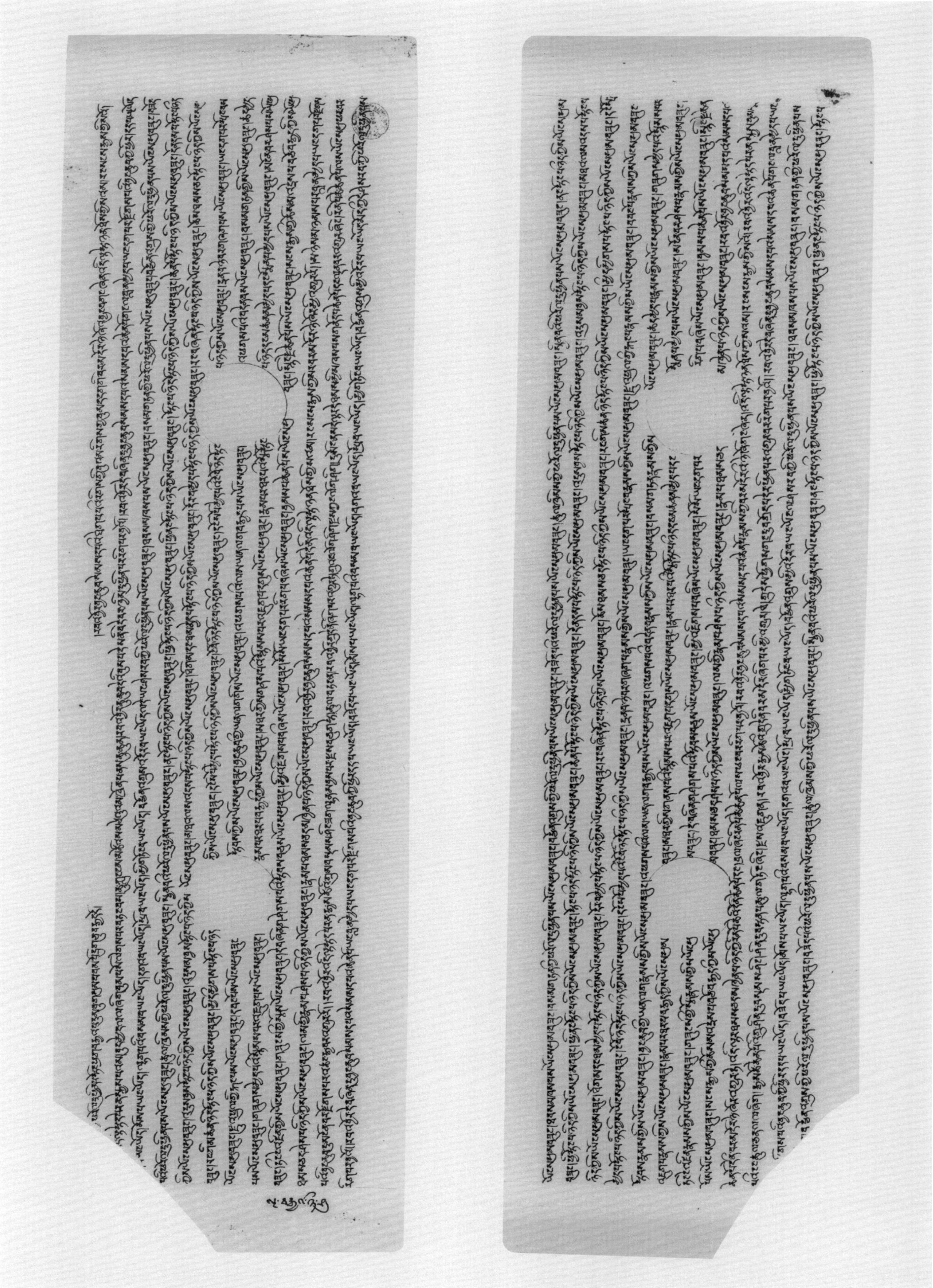

法 Pel.tib.1365　　8.ཤེས་རབ་ཀྱི་ཕ་རོལ་ཏུ་ཕྱིན་པ་སྟོང་ཕྲག་བརྒྱ་པ་དུམ་བུ་གསུམ་པ་བམ་པོ་དྲུག་ཅུ་བརྒྱད་པོ།།

8.十萬頌般若波羅蜜多經第三函第六十八卷　(31—30)

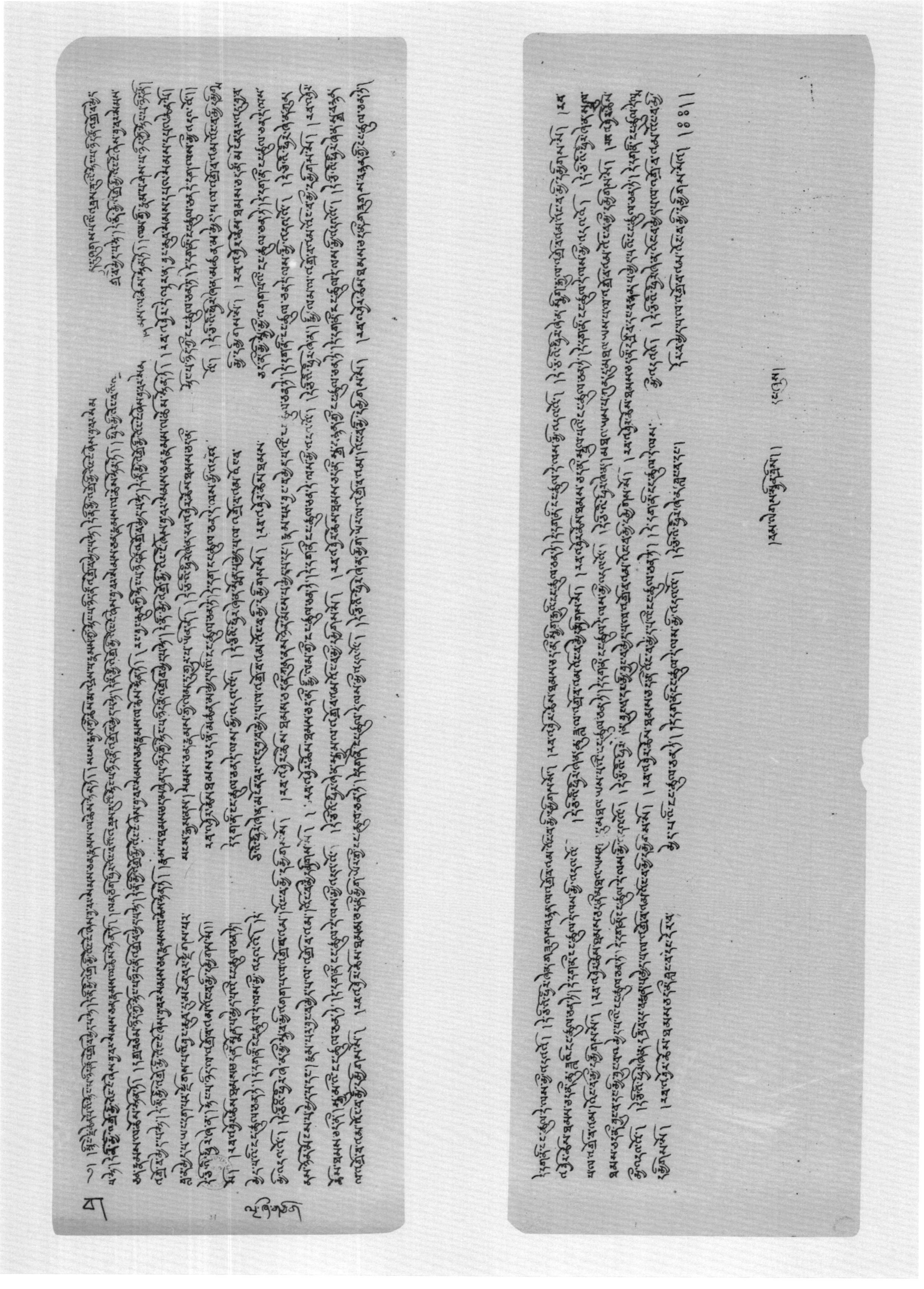

法 Pel.tib.1365　　1.ཤེས་རབ་ཀྱི་ཕ་རོལ་ཏུ་ཕྱིན་པ་སྟོང་ཕྲག་བརྒྱ་པ།　　2.བྲིས་བྱང་།

1.十萬頌般若波羅蜜多經　　2.抄寫校對題記　　(31—31)

法 Pel.tib.1366　　1.ཤེས་རབ་ཀྱི་ཕ་རོལ་དུ་ཕྱིན་པ་སྟོང་ཕྲག་བརྒྱ་པ་དུམ་བུ་གསུམ་པ་བམ་པོ་ལྔ་འོ།　2.བྲིས་བྱང་།

1.十萬頌般若波羅蜜多經第三函第五卷　　2.抄寫校對題記　　(4—1)

法 Pel.tib.1366   3.ཤེས་རབ་ཀྱི་ཕ་རོལ་ཏུ་ཕྱིན་པ་སྟོང་ཕྲག་བརྒྱ་པ།

3.十萬頌般若波羅蜜多經   (4—2)

116

法 Pel.tib.1366　　3.ཤེས་རབ་ཀྱི་ཕ་རོལ་ཏུ་ཕྱིན་པ་སྟོང་ཕྲག་བརྒྱ་པ།

3.十萬頌般若波羅蜜多經　　(4—3)

法 Pel.tib.1366　3.ཤེས་རབ་ཀྱི་ཕ་རོལ་ཏུ་ཕྱིན་པ་སྟོང་ཕྲག་བརྒྱ་བ།

3.十萬頌般若波羅蜜多經　(4—4)

法 Pel.tib.1367　ཤེས་རབ་ཀྱི་ཕ་རོལ་དུ་ཕྱིན་པ་སྟོང་ཕྲག་བརྒྱ་པ་དུམ་བུ་གསུམ་པ་བམ་པོ་བདུན་ཅུ་བཞི་པོ།　།

十萬頌般若波羅蜜多經第三函第七十四卷　　(3—1)

119

ཤེས་རབ་ཀྱི་ཕ་རོལ་ཏུ་ཕྱིན་པ་སྟོང་ཕྲག་བརྒྱ་པ་དུམ་བུ་གསུམ་པ་བམ་པོ་བདུན་ཅུ་བཞིའོ། །

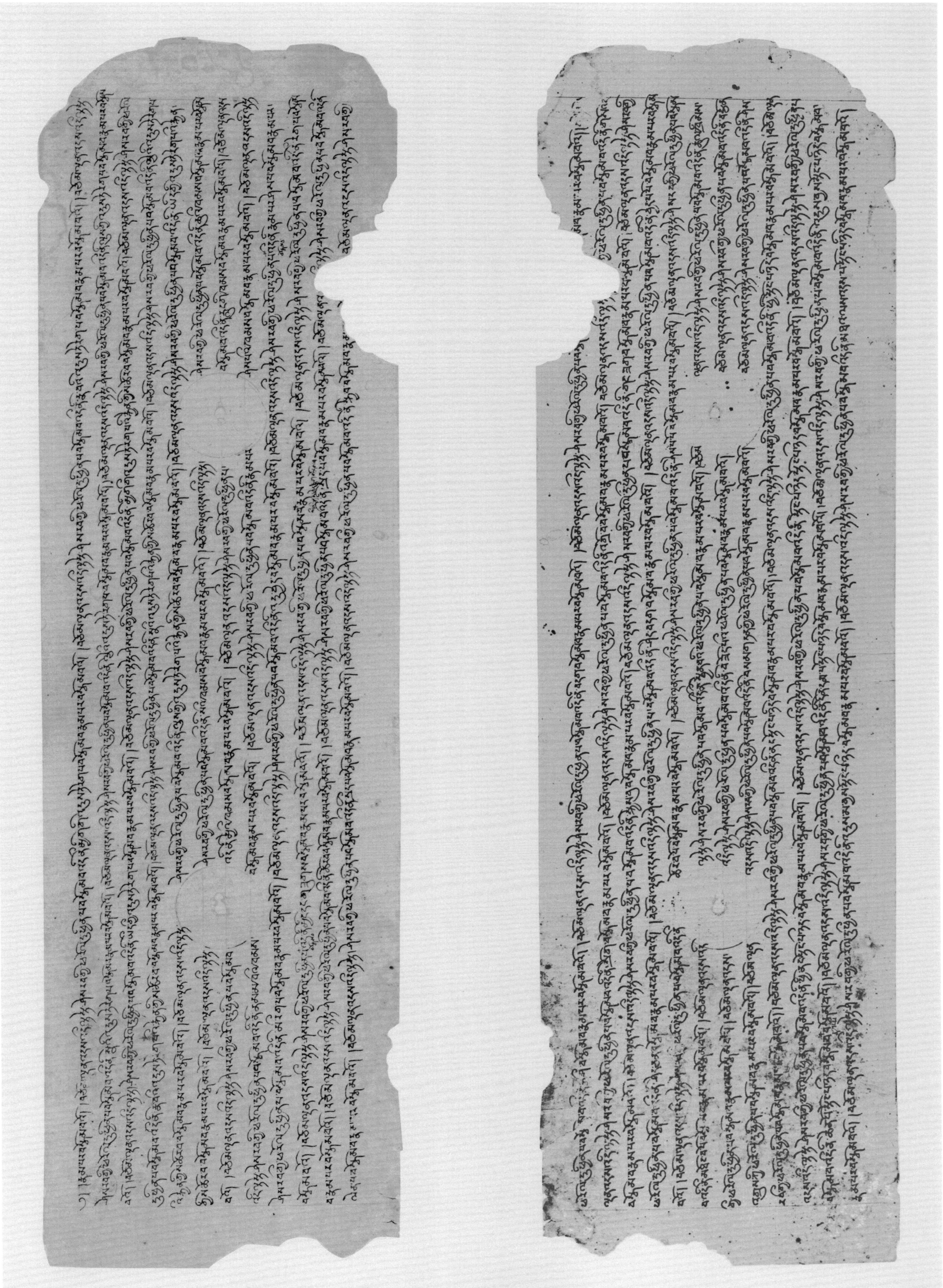

法 Pel.tib.1367　ཤེས་རབ་ཀྱི་ཕ་རོལ་ཏུ་ཕྱིན་པ་སྟོང་ཕྲག་བརྒྱ་པ་དུམ་བུ་གསུམ་པ་བམ་པོ་བདུན་ཅུ་བཞི་པ། །

十萬頌般若波羅蜜多經第三函第七十四卷　(3—3)

1.ཤེས་རབ་ཀྱི་ཕ་རོལ་ཏུ་ཕྱིན་པ་སྟོང་ཕྲག་བརྒྱ་པ་དུམ་བུ་གསུམ་པ་བམ་པོ་བཞི་འོ། །

1.十萬頌般若波羅蜜多經第三函第四卷　　(6—1)

法 Pel.tib.1368　1.ཤེས་རབ་ཀྱི་ཕ་རོལ་ཏུ་ཕྱིན་པ་སྟོང་ཕྲག་བརྒྱ་པ་དུམ་བུ་གསུམ་པ་བམ་པོ་བཞི་པའོ།།

1.十萬頌般若波羅蜜多經第三函第四卷　　(6—2)

123

1.ཤེས་རབ་ཀྱི་ཕ་རོལ་དུ་ཕྱིན་པ་སྟོང་ཕྲག་བརྒྱ་པ་དུམ་བུ་གསུམ་པ་བམ་པོ་བཞི་རོ། །

1.十萬頌般若波羅蜜多經第三函第四卷　　(6—3)

法 Pel.tib.1368　　1.ཤེས་རབ་ཀྱི་ཕ་རོལ་དུ་ཕྱིན་པ་སྟོང་ཕྲག་བརྒྱ་པ་དུམ་བུ་གསུམ་པ་བམ་པོ་བཞི་པོ།།

1.十萬頌般若波羅蜜多經第三函第四卷　　(6—4)

法 Pel.tib.1368　　1.ཤེས་རབ་ཀྱི་ཕ་རོལ་དུ་ཕྱིན་པ་སྟོང་ཕྲག་བརྒྱ་པ་དུམ་བུ་གསུམ་པ་བཞི་པོ་བཞིའོ། །

1.十萬頌般若波羅蜜多經第三函第四卷　　(6—5)

法 Pel.tib.1368　　1.ཤེས་རབ་ཀྱི་ཕ་རོལ་ཏུ་ཕྱིན་པ་སྟོང་ཕྲག་བརྒྱ་པ་དུམ་བུ་གསུམ་པ་བམ་པོ་བཞི་ཡོ།།　　2.ཁྲིས་བྱང་།

1.十萬頌般若波羅蜜多經第三函第四卷　　2.抄寫校對題記　　(6—6)

法 Pel.tib.1369　　1.ཤེས་རབ་ཀྱི་ཕ་རོལ་ཏུ་ཕྱིན་པ་སྟོང་ཕྲག་བརྒྱ་པ་དུམ་བུ་གསུམ་པ་བམ་པོ་ཉི་ཤུ་བཞི་ནོ། །

1.十萬頌般若波羅蜜多經第三函第二十四卷　　(10—1)

法 Pel.tib.1369　　1.ཤེས་རབ་ཀྱི་ཕ་རོལ་དུ་ཕྱིན་པ་སྟོང་ཕྲག་བརྒྱ་པ་དུམ་བུ་གསུམ་པ་བམ་པོ་ཉི་ཤུ་བཞི་པོ།།

1.十萬頌般若波羅蜜多經第三函第二十四卷　　(10—2)

法 Pel.tib.1369　　1.ཤེས་རབ་ཀྱི་ཕ་རོལ་དུ་ཕྱིན་པ་སྟོང་ཕྲག་བརྒྱ་པ་དུམ་བུ་གསུམ་པ་བམ་པོ་ཉི་ཤུ་བཞི་པོ།།

1.十萬頌般若波羅蜜多經第三函第二十四卷　　(10—3)

130

法 Pel.tib.1369　　1.ཤེས་རབ་ཀྱི་ཕ་རོལ་ཏུ་ཕྱིན་པ་སྟོང་ཕྲག་བརྒྱ་པ་དུམ་བུ་གསུམ་པ་བམ་པོ་ཉི་ཤུ་བཞི་པོ། །

1.十萬頌般若波羅蜜多經第三函第二十四卷　　(10—4)

法 Pel.tib.1369　　1.ཤེས་རབ་ཀྱི་ཕ་རོལ་ཏུ་ཕྱིན་པ་སྟོང་ཕྲག་བརྒྱ་པ་དུམ་བུ་གསུམ་པ་བམ་པོ་ཉི་ཤུ་བཞིའོ།།

1.十萬頌般若波羅蜜多經第三函第二十四卷　　(10—5)

法 Pel.tib.1369　1.ཤེས་རབ་ཀྱི་ཕ་རོལ་ཏུ་ཕྱིན་པ་སྟོང་ཕྲག་བརྒྱ་པ་དུམ་བུ་གསུམ་པ་བམ་པོ་ཉི་ཤུ་བཞིའོ།།

1.十萬頌般若波羅蜜多經第三函第二十四卷　　(10—6)

法 Pel.tib.1369　　1.ཤེས་རབ་ཀྱི་ཕ་རོལ་ཏུ་ཕྱིན་པ་སྟོང་ཕྲག་བརྒྱ་པ་དུམ་བུ་གསུམ་པ་བམ་པོ་ཉི་ཤུ་བཞིའོ།།　2.བྲིས་བྱང་།

1.十萬頌般若波羅蜜多經第三函第二十四卷　　2.抄寫校對題記　　(10—7)

134

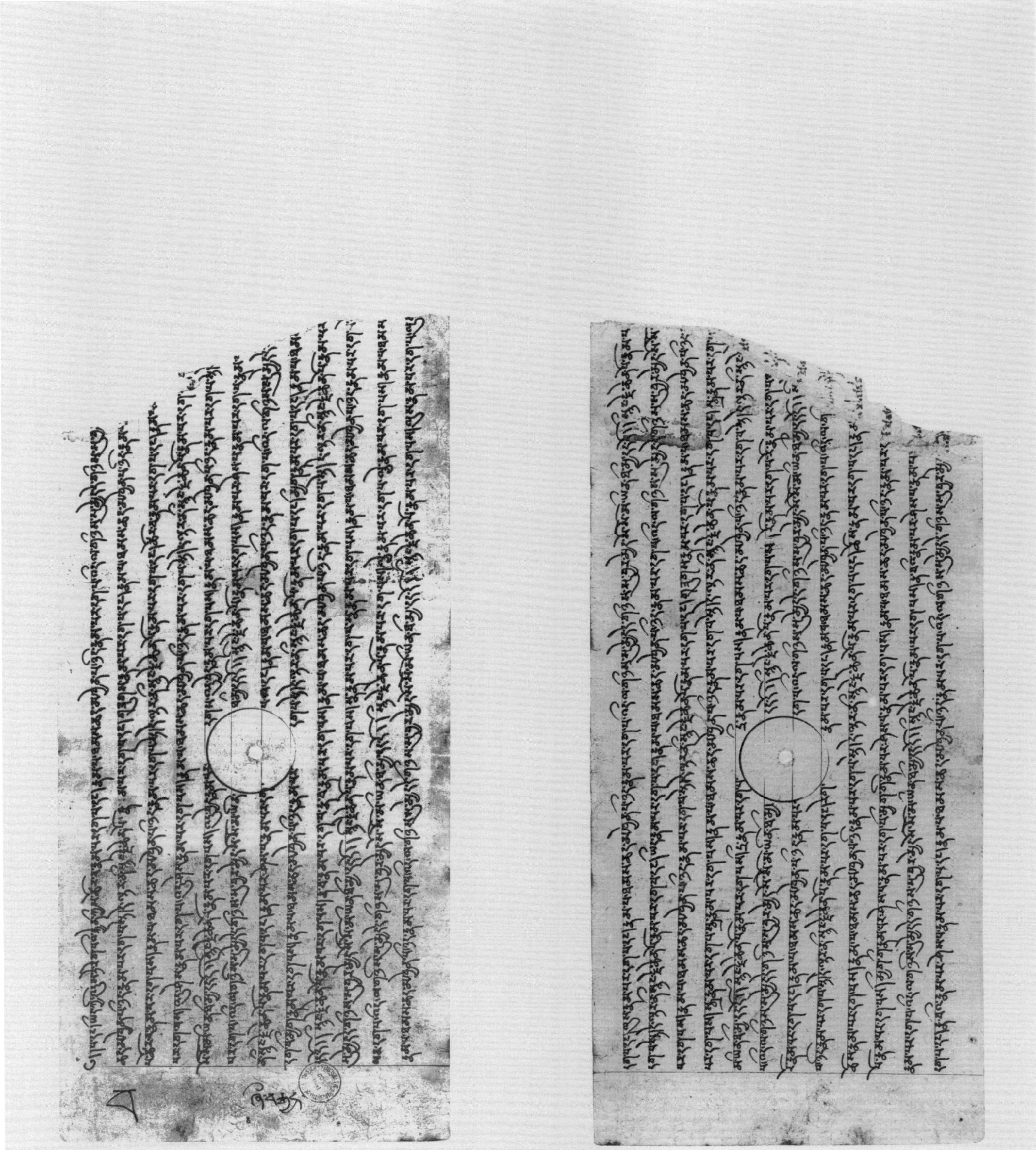

法 Pel.tib.1369　3.ཤེས་རབ་ཀྱི་ཕ་རོལ་ཏུ་ཕྱིན་པ་སྟོང་ཕྲག་བརྒྱ་པ་དུམ་བུ་གསུམ་པ་བམ་པོ་སུམ་ཅུ་པོ། །

3.十萬頌般若波羅蜜多經第三函第三十卷　(10—8)

法 Pel.tib.1369　　3.ཤེས་རབ་ཀྱི་ཕ་རོལ་དུ་ཕྱིན་པ་སྟོང་ཕྲག་བརྒྱ་པ་དུམ་བུ་གསུམ་པ་བམ་པོ་སུམ་ཅུ་པོ།།

3.十萬頌般若波羅蜜多經第三函第三十卷　　(10—9)

法 Pel.tib.1369　4.ཤེས་རབ་ཀྱི་ཕ་རོལ་ཏུ་ཕྱིན་པ་སྟོང་ཕྲག་བརྒྱ་པ་དུམ་བུ་གསུམ་པ་བམ་པོ་སུམ་ཅུ་གཅིག་གོ། །

4.十萬頌般若波羅蜜多經第三函第三十一卷　　(10—10)

137

法 Pel.tib.1370　　1.ཤེས་རབ་ཀྱི་ཕ་རོལ་ཏུ་ཕྱིན་པ་སྟོང་ཕྲག་བརྒྱ་བ།

1.十萬頌般若波羅蜜多經　　(4—1)

138

法 Pel.tib.1370　　2.ཤེས་རབ་ཀྱི་ཕ་རོལ་ཏུ་ཕྱིན་པ་སྟོང་ཕྲག་བརྒྱད་པ་དུམ་བུ་གསུམ་པ་བམ་པོ་སུམ་ཅུ་དུག་གོ །

2.十萬頌般若波羅蜜多經第三函第三十六卷　　(4—2)

3.ཤེས་རབ་ཀྱི་ཕ་རོལ་དུ་ཕྱིན་པ་སྟོང་ཕྲག་བརྒྱ་པ་དུམ་བུ་གསུམ་པ་བམ་པོ་སུམ་ཅུ་བདུན་ནོ། །

3.十萬頌般若波羅蜜多經第三函第三十七卷　　(4—3)

法 Pel.tib.1370　4.ཤེས་རབ་ཀྱི་ཕ་རོལ་དུ་ཕྱིན་པ་སྟོང་ཕྲག་བརྒྱ་པ་དུམ་བུ་གསུམ་པ་བམ་པོ་ལྔ་བཅུ་དགུའོ། །

4.十萬頌般若波羅蜜多經第三函第五十九卷　(4—4)

法 Pel.tib.1371　　1.ཤེས་རབ་ཀྱི་ཕ་རོལ་ཏུ་ཕྱིན་པ་སྟོང་ཕྲག་བརྒྱ་པ་དུམ་བུ་གསུམ་པ་བམ་པོ་བཞི་བཅུ་བརྒྱད་དོ།།

1.十萬頌般若波羅蜜多經第三函第四十八卷　　（11—1）

142

法 Pel.tib.1371　　1.ཤེས་རབ་ཀྱི་ཕ་རོལ་ཏུ་ཕྱིན་པ་སྟོང་ཕྲག་བརྒྱ་པ་དུམ་བུ་གསུམ་པ་བམ་པོ་བཞི་བཅུ་བརྒྱད་དོ།།

　　1.十萬頌般若波羅蜜多經第三函第四十八卷　　(11—2)

法 Pel.tib.1371　　1.ཤེས་རབ་ཀྱི་ཕ་རོལ་ཏུ་ཕྱིན་པ་སྟོང་ཕྲག་བརྒྱ་པ་དུམ་བུ་གསུམ་པ་བམ་པོ་བཞི་བཅུ་བརྒྱད་དོ།།

1.十萬頌般若波羅蜜多經第三函第四十八卷　　(11—3)

144

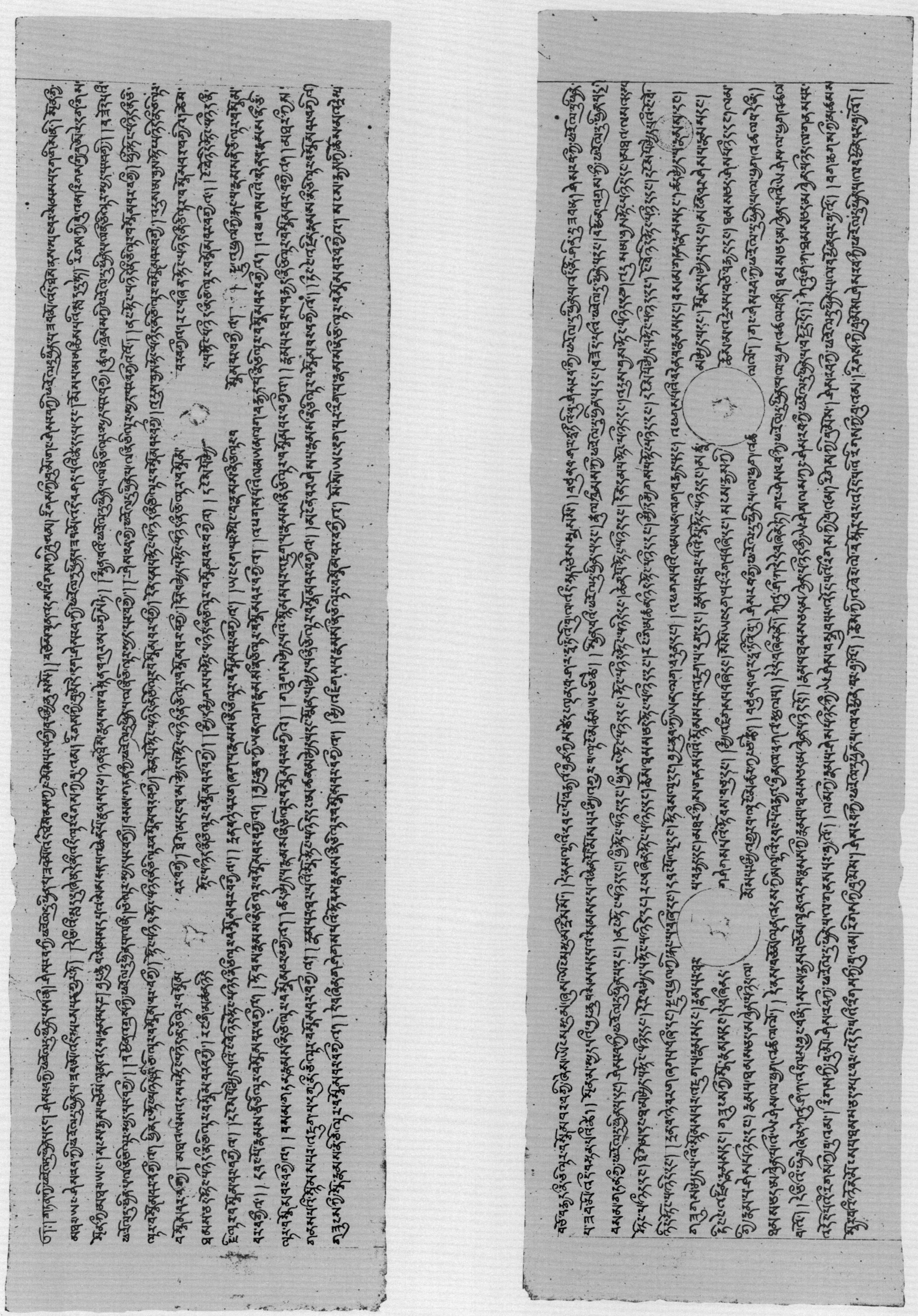

法 Pel.tib.1371　　1.ཤེས་རབ་ཀྱི་ཕ་རོལ་ཏུ་ཕྱིན་པ་སྟོང་ཕྲག་བརྒྱ་པ་དུམ་བུ་གསུམ་པ་བམ་པོ་བཞི་བཅུ་བརྒྱད་དོ།།

1.十萬頌般若波羅蜜多經第三函第四十八卷　(11—4)

1.ཤེས་རབ་ཀྱི་ཕ་རོལ་ཏུ་ཕྱིན་པ་སྟོང་ཕྲག་བརྒྱ་པ་དུམ་བུ་གསུམ་པ་བམ་པོ་བཞི་བཅུ་བརྒྱད་དོ།།

1.十萬頌般若波羅蜜多經第三函第四十八卷　　(11—5)

法 Pel.tib.1371　　1.ཤེས་རབ་ཀྱི་ཕ་རོལ་ཏུ་ཕྱིན་པ་སྟོང་ཕྲག་བརྒྱ་པ་དུམ་བུ་གསུམ་པ་བམ་པོ་བཞི་བཅུ་རྩ་བརྒྱད་དོ།།　　2.ཕྱིས་བྱུང་

3.ཤེས་རབ་ཀྱི་ཕ་རོལ་ཏུ་ཕྱིན་པ་སྟོང་ཕྲག་བརྒྱ་པ་དུམ་བུ་གསུམ་པ་བམ་པོ་བཞི་བཅུ་རྩ་དགུ་འོ།།

147

法 Pel.tib.1371

3.ཤེས་རབ་ཀྱི་ཕ་རོལ་དུ་ཕྱིན་པ་སྟོང་ཕྲག་བརྒྱ་པ་དུམ་བུ་གསུམ་པ་བམ་པོ་བཞི་བཅུ་དགུ་པོ།།   2.བྲིས་བྱང་།

4.ཤེས་རབ་ཀྱི་ཕ་རོལ་དུ་ཕྱིན་པ་སྟོང་ཕྲག་བརྒྱ་པ་དུམ་བུ་གསུམ་པ་བམ་པོ་ལྔ་བཅུ་པོ།།

148

3.十萬頌般若波羅蜜多經第三函第四十九卷　　2.抄寫題記

4.十萬頌般若波羅蜜多經第三函第五十卷　　　(11—7)

法 Pel.tib.1371　４.ཤེས་རབ་ཀྱི་ཕ་རོལ་ཏུ་ཕྱིན་པ་སྟོང་ཕྲག་བརྒྱ་པ་དུམ་བུ་གསུམ་པ་བམ་པོ་ལྔ་བཅུ་པོ།།

4.十萬頌般若波羅蜜多經第三函第五十卷　　(11—8)

4.ཤེས་རབ་ཀྱི་ཕ་རོལ་དུ་ཕྱིན་པ་སྟོང་ཕྲག་བརྒྱ་པ་དུམ་བུ་གསུམ་པ་བམ་པོ་ལྔ་བཅུ་པོ།།

4.十萬頌般若波羅蜜多經第三函第五十卷　　(11—9)

法 Pel.tib.1371　4.ཤེས་རབ་ཀྱི་ཕ་རོལ་ཏུ་ཕྱིན་པ་སྟོང་ཕྲག་བརྒྱ་པ་དུམ་བུ་གསུམ་པ་བམ་པོ་ལྔ་བཅུ་བོ། །

4.十萬頌般若波羅蜜多經第三函第五十卷　　(11—10)

151

4.ཤེས་རབ་ཀྱི་ཕ་རོལ་ཏུ་ཕྱིན་པ་སྟོང་ཕྲག་བརྒྱ་པ་དུམ་བུ་གསུམ་པ་བམ་པོ་ལྔ་བཅུ་བོ།།

4.十萬頌般若波羅蜜多經第三函第五十卷　　(11—11)

法 Pel.tib.1372　　1.ཤེས་རབ་ཀྱི་ཕ་རོལ་དུ་ཕྱིན་པ་སྟོང་ཕྲག་བརྒྱ་པ་དུམ་བུ་གསུམ་པ་བམ་པོ་གཉིས་སོ།།

1.十萬頌般若波羅蜜多經第三函第二卷　　(17—1)

法 Pel.tib.1372　2.ཤེས་རབ་ཀྱི་ཕ་རོལ་དུ་ཕྱིན་པ་སྟོང་ཕྲག་བརྒྱ་པ་དུམ་བུ་གསུམ་པ་བམ་པོ་དྲུག་གོ། །

2.十萬頌般若波羅蜜多經第三函第六卷　　(17—2)

法 Pel.tib.1372　　2.ཤེས་རབ་ཀྱི་ཕ་རོལ་དུ་ཕྱིན་པ་སྟོང་ཕྲག་བརྒྱ་པ་དུམ་བུ་གསུམ་པ་བམ་པོ་དྲུག་གོ། །

2.十萬頌般若波羅蜜多經第三函第六卷　　(17—3)

法 Pel.tib.1372　　3.ཤེས་རབ་ཀྱི་ཕ་རོལ་ཏུ་ཕྱིན་པ་སྟོང་ཕྲག་བརྒྱ་པ་དུམ་བུ་གསུམ་པ་བམ་པོ་བཅུ་གཉིས་སོ།།

4.ཤེས་རབ་ཀྱི་ཕ་རོལ་ཏུ་ཕྱིན་པ་སྟོང་ཕྲག་བརྒྱ་པ་དུམ་བུ་གསུམ་པ་བམ་པོ་བཅུ་གསུམ་སོ།།

156　　　3.十萬頌般若波羅蜜多經第三函第十二卷

4.十萬頌般若波羅蜜多經第三函第十三卷　　（17—4）

法 Pel.tib.1372　　5.ཤེས་རབ་ཀྱི་ཕ་རོལ་ཏུ་ཕྱིན་པ་སྟོང་ཕྲག་བརྒྱ་པ་དུམ་བུ་གསུམ་པ་བམ་པོ་བཅུ་བཞི་འོ།། 　　6.བྲིས་བྱང་།

7.ཤེས་རབ་ཀྱི་ཕ་རོལ་ཏུ་ཕྱིན་པ་སྟོང་ཕྲག་བརྒྱ་པ་དུམ་བུ་གསུམ་པ་བམ་པོ་བཅོ་ལྔ་འོ།།

5.十萬頌般若波羅蜜多經第三函第十四卷　　6.抄寫題記

7.十萬頌般若波羅蜜多經第三函第十五卷　　（17—5）

157

8.ཤེས་རབ་ཀྱི་ཕ་རོལ་དུ་ཕྱིན་པ་སྟོང་ཕྲག་བརྒྱ་པ་དུམ་བུ་གསུམ་པ་བམ་པོ་སུམ་ཅུ་དྲུག

8.十萬頌般若波羅蜜多經第三函第三十六卷　　(17—6)

法 Pel.tib.1372　9.ཤེས་རབ་ཀྱི་ཕ་རོལ་ཏུ་ཕྱིན་པ་སྟོང་ཕྲག་བརྒྱ་པ་དུམ་བུ་གསུམ་པ་བམ་པོ་སུམ་ཅུ་བརྒྱད་དོ།།

9.十萬頌般若波羅蜜多經第三函第三十八卷　　(17—7)

ཤེས་རབ་ཀྱི་ཕ་རོལ་ཏུ་ཕྱིན་པ་སྟོང་ཕྲག་བརྒྱ་པ་དུམ་བུ་གསུམ་པ་བམ་པོ་བཞི་བཅུ་བརྒྱད་དོ། །

10.十萬頌般若波羅蜜多經第三函第四十八卷　　(17—8)

法 Pel.tib.1372　10.ཤེས་རབ་ཀྱི་ཕ་རོལ་དུ་ཕྱིན་པ་སྟོང་ཕྲག་བརྒྱ་པ་དུམ་བུ་གསུམ་པ་བམ་པོ་བཞི་བཅུ་བརྒྱད་དོ། །

10.十萬頌般若波羅蜜多經第三函第四十八卷　　(17—9)

11.ཤེས་རབ་ཀྱི་ཕ་རོལ་དུ་ཕྱིན་པ་སྟོང་ཕྲག་བརྒྱ་པ་དུམ་བུ་གསུམ་པ་བམ་པོ་བཞི་བཅུ་དགུ་པོ།།

6.བྲིས་བྱང་།

11.十萬頌般若波羅蜜多經第三函第四十九卷　　6.抄寫題記　　(17—10)

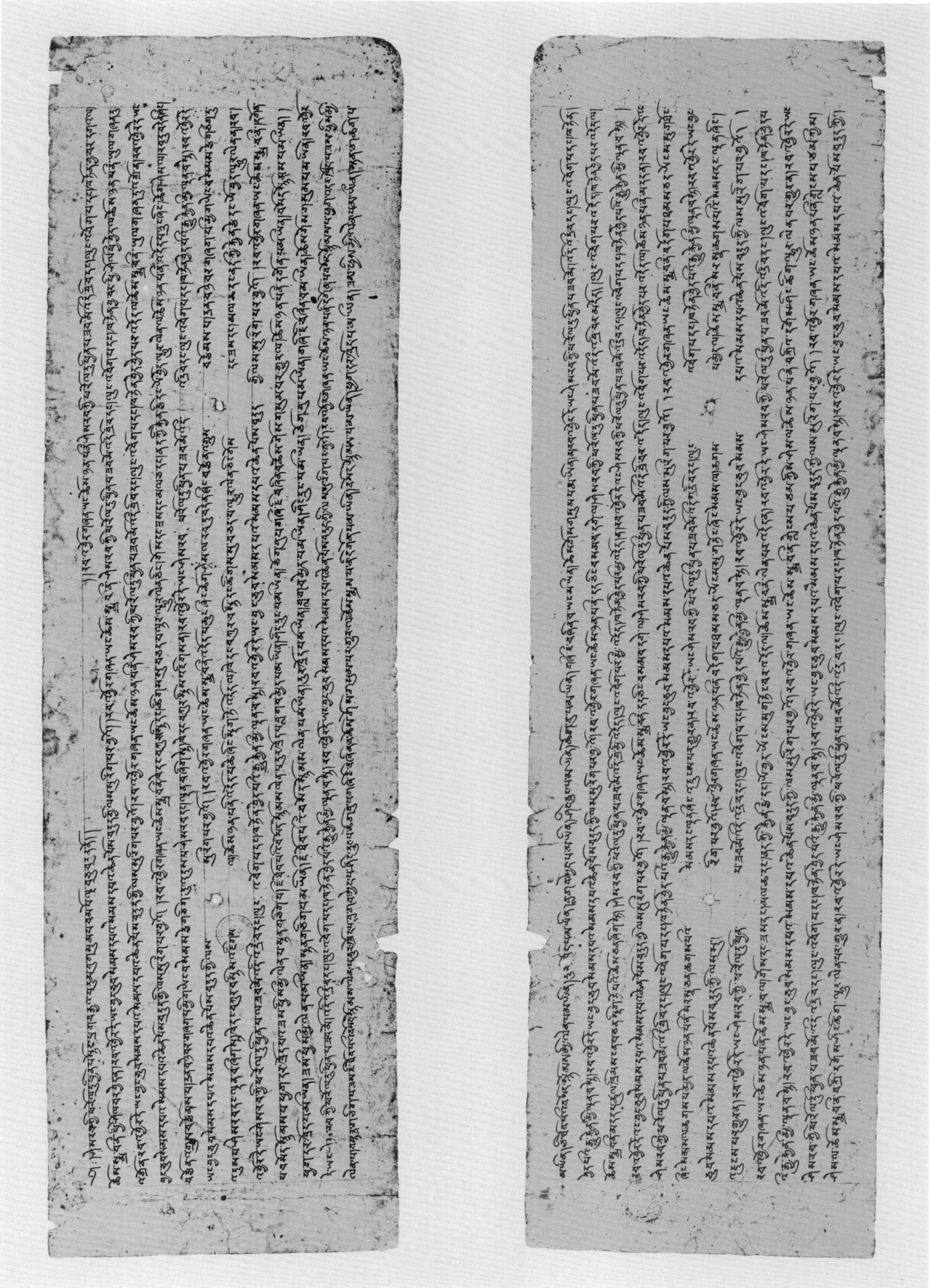

法 Pel.tib.1372　　12.ཤེས་རབ་ཀྱི་ཕ་རོལ་ཏུ་ཕྱིན་པ་སྟོང་ཕྲག་བརྒྱ་པ་དུམ་བུ་གསུམ་པ་བམ་པོ་ལྔ་བཅུ་བདུན་ནོ།།

12.十萬頌般若波羅蜜多經第三函第五十七卷　(17—11)

13.ཤེས་རབ་ཀྱི་ཕ་རོལ་དུ་ཕྱིན་པ་སྟོང་ཕྲག་བརྒྱ་པ་དུམ་བུ་གསུམ་པ་བམ་པོ་ལྔ་བཅུ་བརྒྱད་དོ།། །

13.十萬頌般若波羅蜜多經第三函第五十八卷　　(17—12)

法 Pel.tib.1372　　14.ཤེས་རབ་ཀྱི་ཕ་རོལ་ཏུ་ཕྱིན་པ་སྟོང་ཕྲག་བརྒྱ་པ་དུམ་བུ་གསུམ་པ་བམ་པོ་ལྔ་བཅུ་དགུ་འོ། །

14.十萬頌般若波羅蜜多經第三函第五十九卷　　(17—13)

法 Pel.tib.1372　　15.ཤེས་རབ་ཀྱི་ཕ་རོལ་ཏུ་ཕྱིན་པ་སྟོང་ཕྲག་བརྒྱ་པ་དུམ་བུ་གསུམ་པ་བམ་པོ་དྲུག་ཅུ་པའོ། །

15.十萬頌般若波羅蜜多經第三函第六十卷　　(17—14)

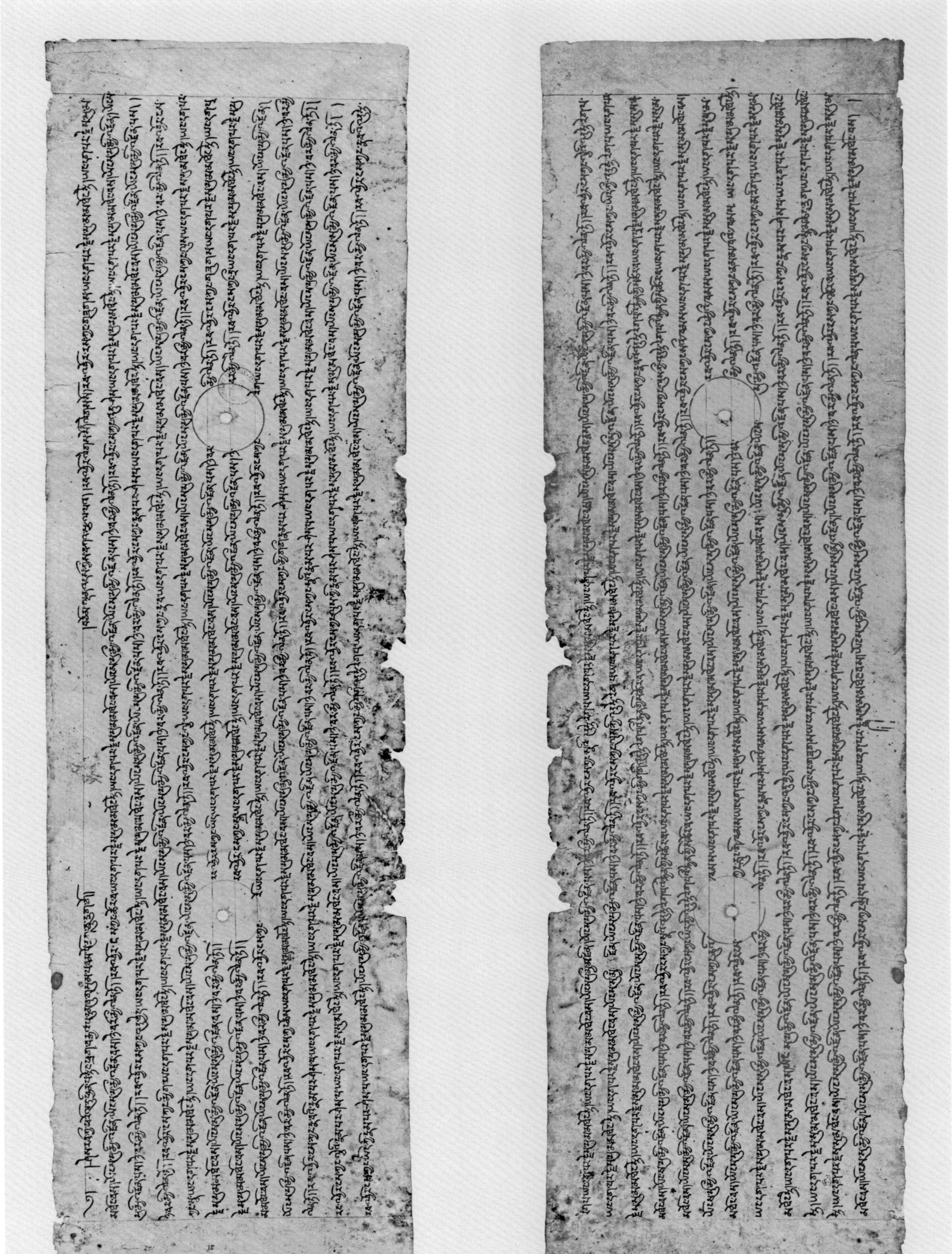

法 Pel.tib.1372　16.ཤེས་རབ་ཀྱི་ཕ་རོལ་ཏུ་ཕྱིན་པ་སྟོང་ཕྲག་བརྒྱ་པ་དུམ་བུ་གསུམ་པ་བམ་པོ་དྲུག་ཅུ་དྲུག་གོ།

16.十萬頌般若波羅蜜多經第三函第六十六卷　(17—15)

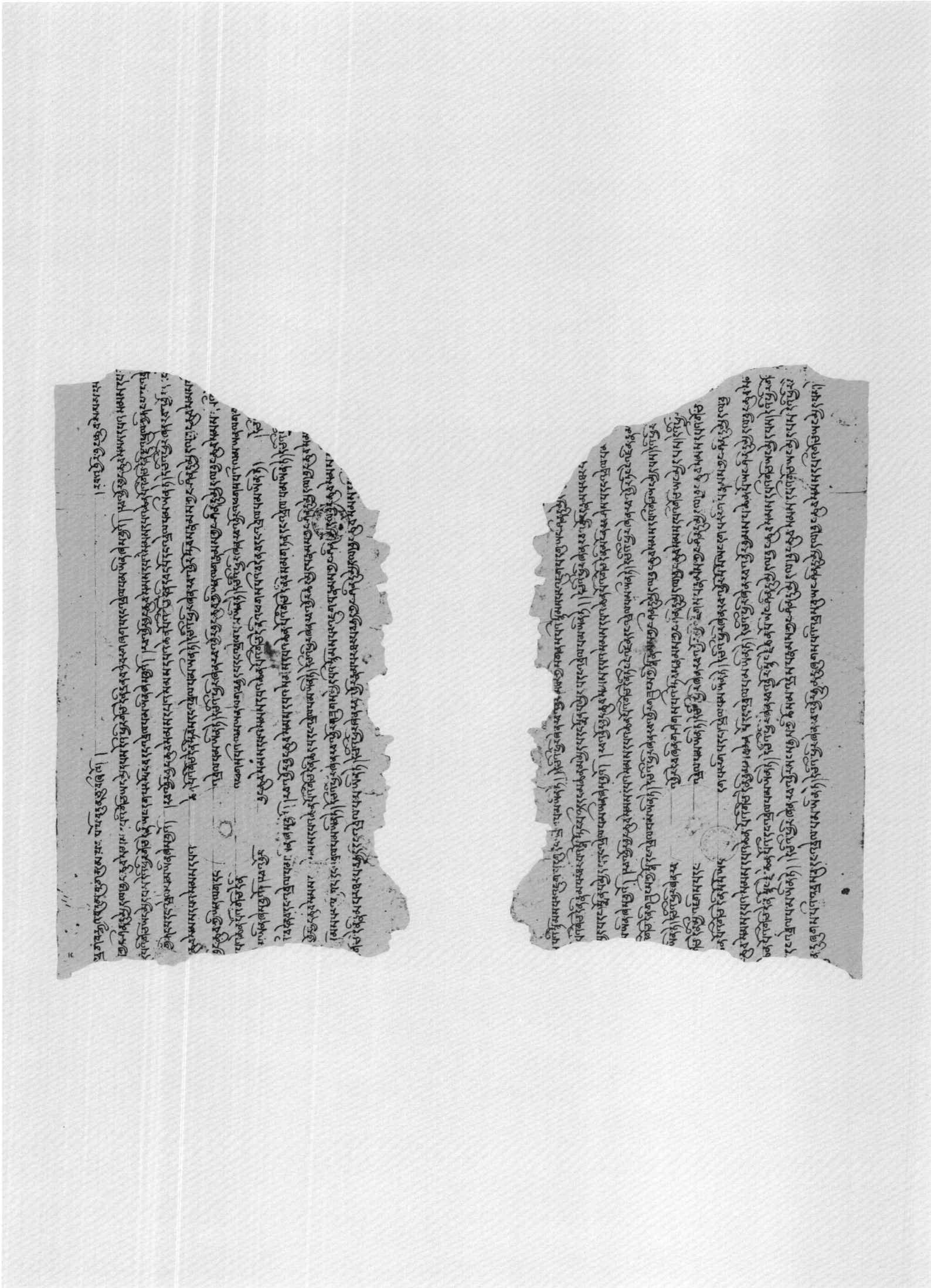

法 Pel.tib.1372　17.ཤེས་རབ་ཀྱི་ཕ་རོལ་དུ་ཕྱིན་པ་སྟོང་ཕྲག་བརྒྱ་པ་དུམ་བུ་གསུམ་པ་བམ་པོ་བདུན་ཅུ་བཞི་པོ། །

17.十萬頌般若波羅蜜多經第三函第七十四卷　　（17—16）

法 Pel.tib.1372　18.ཤེས་རབ་ཀྱི་ཕ་རོལ་ཏུ་ཕྱིན་པ་སྟོང་ཕྲག་བརྒྱ་པ་དུམ་བུ་གསུམ་པ་བམ་པོ་བདུན་ཅུ་ལྔའོ། །

18.十萬頌般若波羅蜜多經第三函第七十五卷　　(17—17)

法 Pel.tib.1373　1.ཤེས་རབ་ཀྱི་ཕ་རོལ་དུ་ཕྱིན་པ་སྟོང་ཕྲག་བརྒྱ་པ་དུམ་བུ་གསུམ་པ་བམ་པོ་བཞི་འོ། །

2.ཤེས་རབ་ཀྱི་ཕ་རོལ་དུ་ཕྱིན་པ་སྟོང་ཕྲག་བརྒྱ་པ་དུམ་བུ་གསུམ་པ་བམ་པོ་ལྔ་འོ། །

1.十萬頌般若波羅蜜多經第三函第四卷　　2.十萬頌般若波羅蜜多經第三函第五卷　　(12—1)

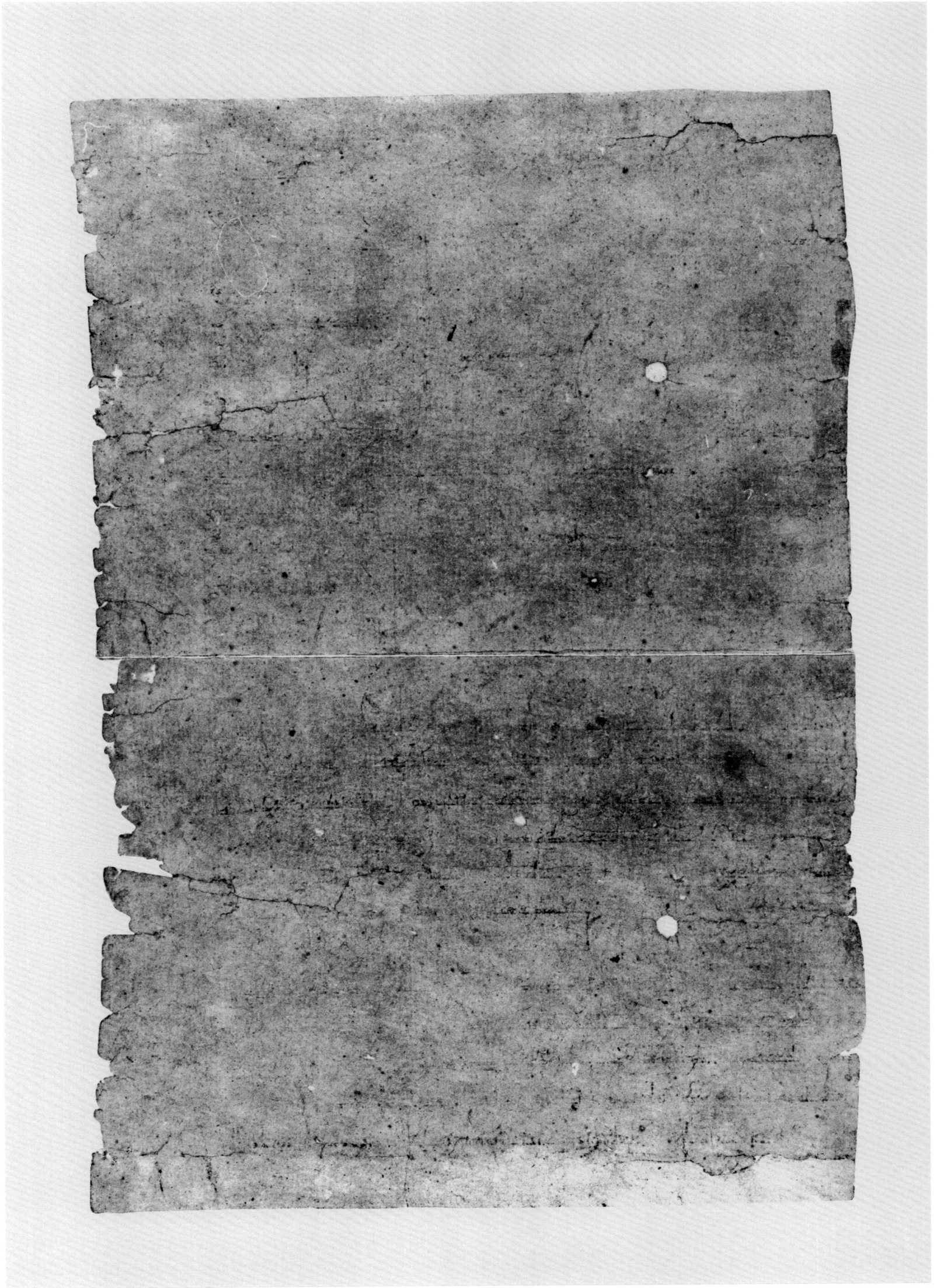

法 Pel.tib.1373　　3.ཀྱབ་ཤོག

3.背面空白頁　　（12—2）

ཤུནས་ར་བ་ལ་སྟེ་སྐྲ་གས་ཏེ། ད་ལྟུ་གང་ཚེནས་ནམས་ས་ར་རུ། པར་ས་ཀྲུ་རྫེག་པ་ལ་ཡིན། མནས་ན་ནན་གུ་པ།

གྱུར་ན་འང་ཕྱུ་རྐས་ཏེ། ད་དད་རྒལ་འཇམ་བ་དང་རང་འཆལ་ས་རྒྱུས་ལ་དུ་བྱ་ནམས་དང་དུ།

ཀྱུར་དང་འཇམ་ད་ན་ཀྲེས་མཌན་ས་འཇ་ན་པ་ཀ་ར་ས་ན་ཀ་ར་ས་ར་ས་ཉ་ར་ས་ཉ་ར་ཀྲུ་ཉ།

ཀྲེ་དང་ཀྱུ་དང་ཀྲི་འ་འཇམ་མཌེན་པར་ས་པ་ར་ཁ། སྐྲ་ཀྲུ་ན་ན་དུ་ཏུ་ཉ་ཀྲི་ས་ན་ན་ར་ཀྲུ་ན་ཀྲུ།

གྱུ་ར་ཀ་སར་ས་རྒྱུས་ཤུ་འ་ཏུ་ཉ་ཆ་མས་ན་ར། དུ་ཏུ།   མནས་ད་པར་འ་ཏ་ན་པོ།

ཞིས་ར་ས་ར་ར་འ་ཀ་ར་པར་ཀྲུ་ཀྲེ་ག་པ་ལ་ས། རྒྱུ་ཀྲུ།   ཉ་འཇ་ན་ར་ཉ།

ཀྲ་པ་ར་ཀྲུ་ཀྲེ་ག་པ་ལ་ས་ན་ཆན་ཕྱུ་ར་འ་འ། རྒྱ་པ་ཀྲེ།   ཀྲེ་ག་པ་ལ་ས་ར་ཀྲུ།

ཀྲུ་ཀྲེ་ག་ལ་ས་ན་ར་ས་ཀྲུ་ཤུ་འ་ཏུ་ཏེ་ད། ཀྲ་པ་ར་ཀྲུ་ཀྲེ་ཀྲ་ས་ར་དུ་ཉ་ར་འཇེ་ར་ན། ཉེ།

ཀ་ར་ས་ཀྲུས་འཆ་ཀྲུན་ད་ན་འ་ར་ན་ཀ་ར། ཀྲ་པ་ར་ཀྲེ་ག་པ་འ་ན་འ་ཞི། ཀྲ་པ་ར་ཀྲེ་ན་ས་ས་ན།

འ་འ་ཀྲུ་ར་ཀ་ན་ས་ར་ས་ཀྲུས་འཆ་ས་ཀྲུ་ར་འ་ན་ར་ས་ཏ་ཀྲུ་ང་ཀྲུ་ས་ར་ཀྲེ་ག་པ་འ་ན་འ་ཞི།

ཀྲ་ས་ཀྲུ་ན་ཀ་ར་ས་ཀ་ར་ཀྲེ་འ་ར་ཆ། ཀྲུ་ན་དང་ཡ་ར་ན་ར་ཀྲེ་ག་ནས་པོ་ཀུ་ཉ།

ས། ཡ་འ་ཀྲུ་ག་ཀྲུ་ས་ན་ར་འ་ཁ་ཆ་ལ། ཀྲ་ན་པ་ར་ཀྲུ་ཀྲེ་ག་ཀ་ཡ་ན་ནས། མཌ་ཉ་ལ་ཡས།

ཀྲུ། ཀྲུ་ར་ན་ས་ཀྲུ་ཀྲེ་ག་ན་ཡ་ན་ནས། ར་འ་ན་ས་ཀྲུ་ཀྲེ་ག་ཀྱུ་ར་ཀྲུ་ར་ཀྲུ་ཀྲེ་ག་ན་ན།

པ་ས་ན་ར་ཉ་ཀྱུ་ད་ཀྲ་པ་ར་ཀྲུ་ཀྲེ་ག་ཀ་ཡ་ན་ནས། ས་པ་ཀྱུ་ད་ན་ཀྲེ་ག་ད་ཀྱུ་ད་ཀྲ་ར་ཀྲུ་རྩེ།

ཀྱུ་ར་ཀྱུ་ན་མ་ན་འ་ན་ས་ཀྱུ་ཀྲ་པ་ར་ཀྲུ་ཀྲེ་ག་པ་ཡ་ནས། ཀ་ཀ་ན་པོ་ལ་ན།

ཀ་ན་ར་ནས་ཀྱུ་ཀྲ་པ་ར་ཀྲུ་ཀྲེ་ག་ཀ་ཡ་ན་ས་ཁ་ན་ར་ཆ་ན་ས། ག་ན་ཀྲ་པ་ར་ཀྲུ་ཀྲེ།

ཀྲེ་ག་ཡ་ན་ནས། མཌ་ར་ཀྲེ་ག་ན་ས་ན་ཀྲུ་ས་པར། འཇ་ག་པ་ར་ཀྲ་ན་ཀྱུ།

ན་ས། ཀྲེ་ན་པ་ར་ཀྲ་ས་པ་ཀྲ་ས་ཀྱུ་ད་ཀྲ་ཀྲ་པ་ར་ཀྲུ་ར་ཀྲེ་ག་པ་ཡ་ནས། ཡ་ན་ནས། ཀྲ་ར་ཀྲེ།

ཀྲ་ས་ཀྱུ་ང་ཀྲ་པ་ར་ཀྲུ་ར་ཀྲེ་ག་པ་ཡ་ན་ནས། ཀྲ་འཆ་ན་ས་པ་ར་ཀྲ་ས་ཀྱུ་ང་ཀྲ་པ་ར་ཀྲུ་ར་ཀྲེ་ག་པ་ཡ།

ཀུ་ཆ་ར་ལ་འ་ཆ་པ་ར་ཀྲ་ས་ཀྱུ་ང་ཀྲ་པ་ར་ཀྲུ་ར་ཀྲེ་ག་པ་ཡ་ན་ནས། ཀྲུ་ཏུ་ཞ་ན་ས་ཀྲུ་འ་ཆ་ན་ས།

ཡ་ན་ནས། ར་ཀྲ་ར་ས་པ་ར་ཏ་པ་ར་ཀྲ་ས་པ་ར་ཀྲུ་ར་ཀྲེ་ག་པ་ཡ་ན་ནས། ར་ར་ཀྲུ་ག་ཀྱུ་ང་ཀྲ་པ།

ནས། ད་ཀྲ་ཀྱུ་ཀ་ཀྱུ་ར་པ་ར་ཀྲུ་ར་ཀྲ་པ་ར་ཀྲུ་ར་ཀྲེ་ག་པ་ཡ་ན་ནས། ད་ཀྲ་ས་ན་ཀྲུ་ར་ཆ་ནས་ཀྱུ།

法 Pel.tib.1373　　3.རྒྱབ་ཤོག

3.背面空白頁　　(12—4)

法 Pel.tib.1373　　3.རྒྱབ་ཤོག

3.背面空白頁　　(12—6)

4.ཤེས་རབ་ཀྱི་ཕ་རོལ་ཏུ་ཕྱིན་པ་སྟོང་ཕྲག་བརྒྱ་བ།

4.十萬頌般若波羅蜜多經　　(12—7)

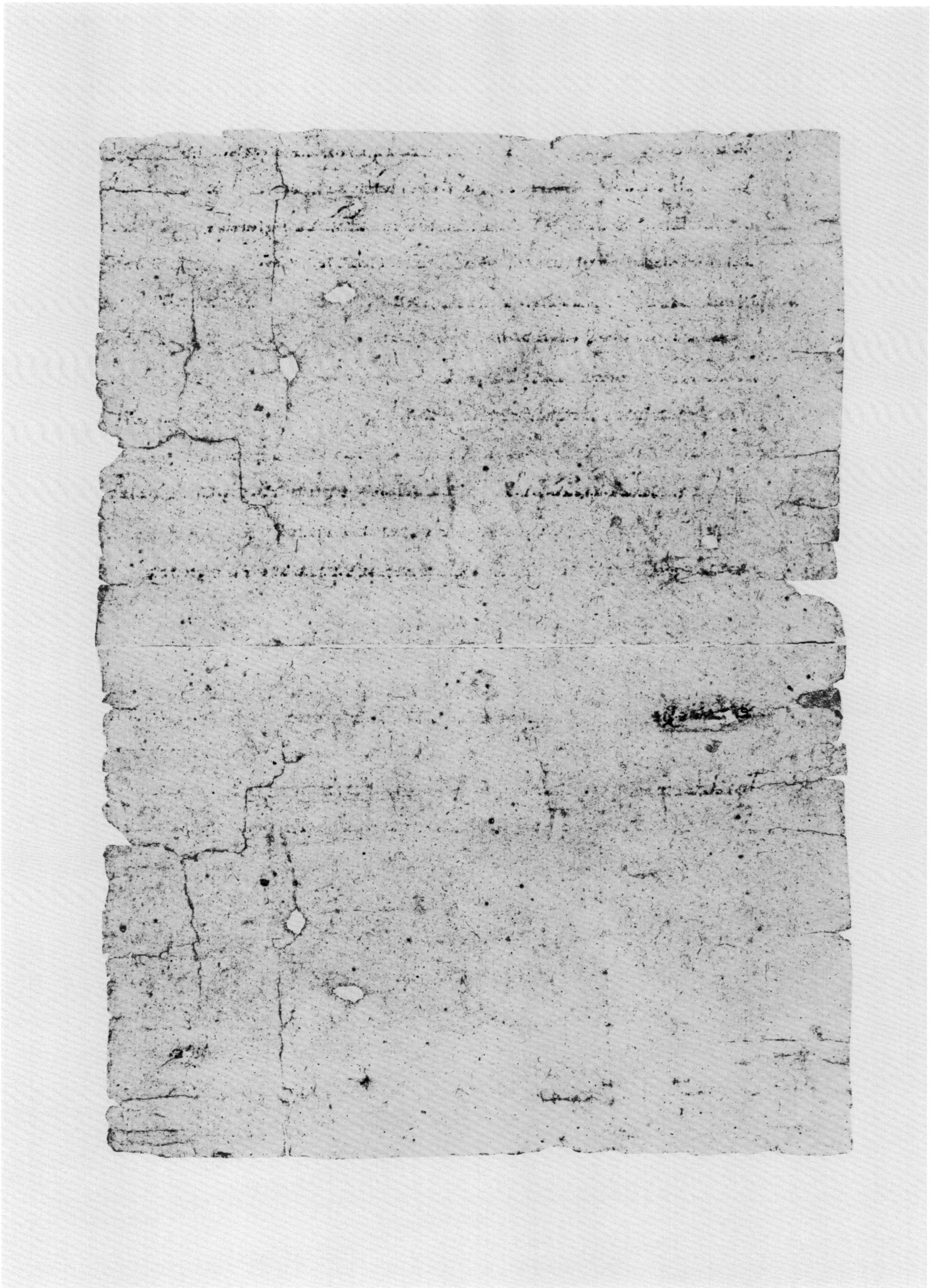

法 Pel.tib.1373　　3.རྒྱབ་ཤོག

3.背面空白頁　　(12—8)

།།ཤེས་རབ་ཀྱི་ཕ་རོལ་ཏུ་ཕྱིན་པ་སྟོང་ཕྲག་བརྒྱ་པ་ལས་དགའ་བ་དང་།

[Tibetan manuscript text — multiple lines of Tibetan script]

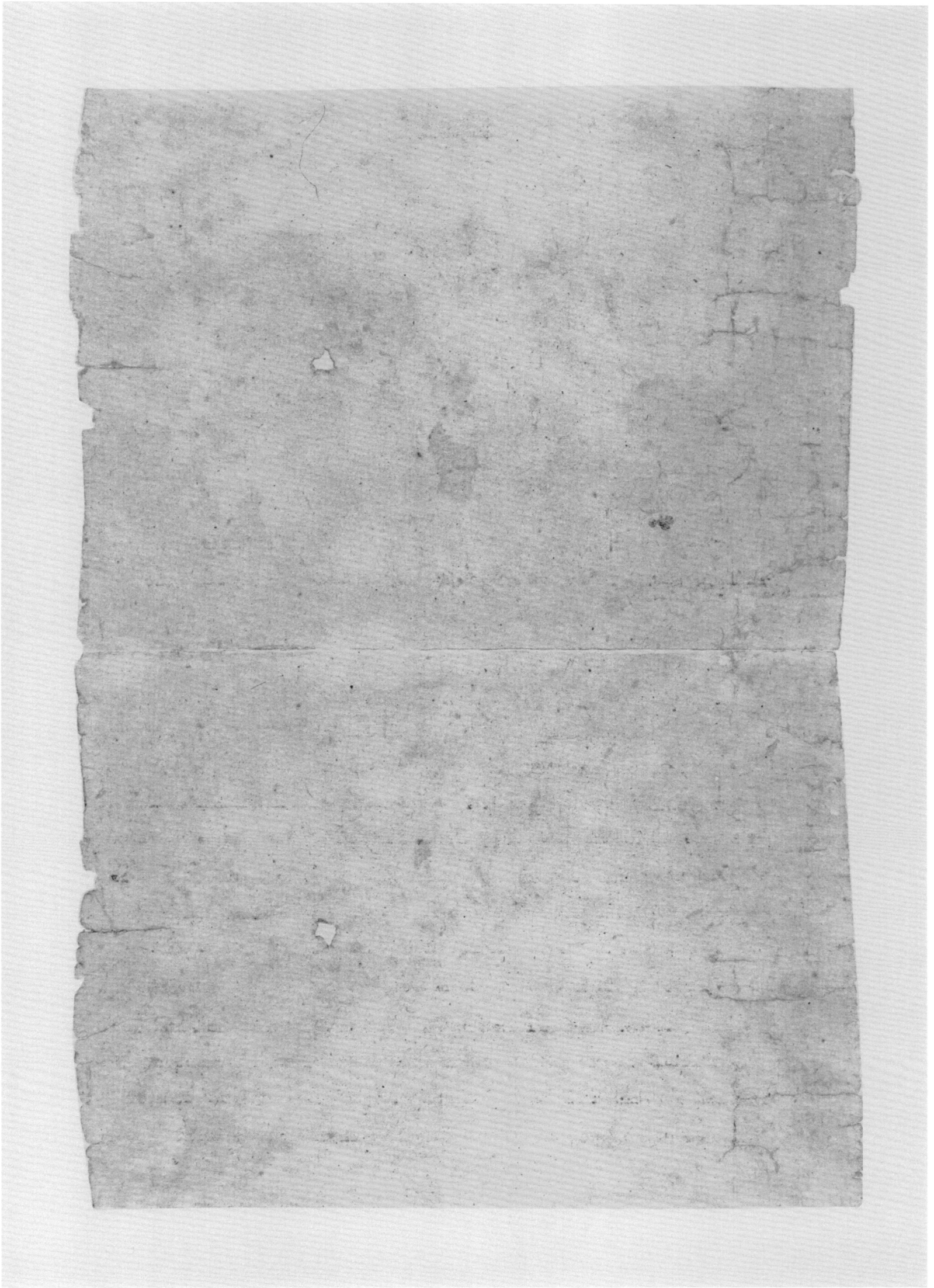

法 Pel.tib.1373　　3.རྒྱབ་ཤོག
　　3.背面空白頁　　(12—10)

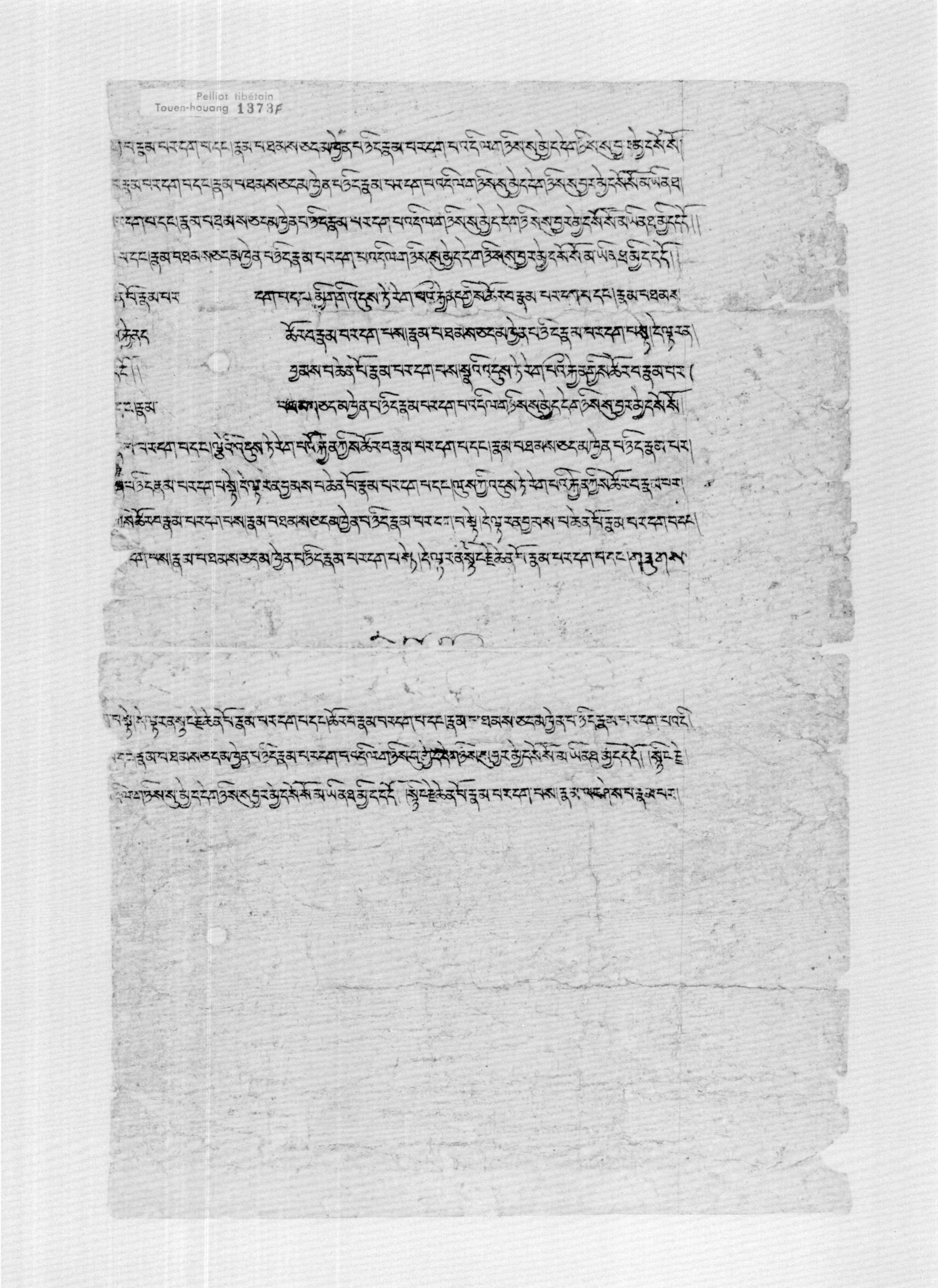

法 Pel.tib.1373　4.ཤེས་རབ་ཀྱི་ཕ་རོལ་ཏུ་ཕྱིན་པ་སྟོང་ཕྲག་བརྒྱ་པ།

4.十萬頌般若波羅蜜多經　(12—11)

法 Pel.tib.1373　　3.རྒྱབ་ཤོག

3.背面空白頁　　(12—12)

法 Pel.tib.1374　　1.ཤེས་རབ་ཀྱི་ཕ་རོལ་དུ་ཕྱིན་པ་སྟོང་ཕྲག་བརྒྱ་པ་དུམ་བུ་བཞི་བ།

1.十萬頌般若波羅蜜多經第四函　　(145—1)

法 Pel.tib.1374　1.ཤེས་རབ་ཀྱི་ཕ་རོལ་ཏུ་ཕྱིན་པ་སྟོང་ཕྲག་བརྒྱ་པ་དུམ་བུ་བཞི་པ།

1.十萬頌般若波羅蜜多經第四函　　(145—2)

法 Pel.tib.1374　　1.ཤེས་རབ་ཀྱི་ཕ་རོལ་ཏུ་ཕྱིན་པ་སྟོང་ཕྲག་བརྒྱ་པ་དུམ་བུ་བཞི་བ།

1.十萬頌般若波羅蜜多經第四函　　(145—3)

法 Pel.tib.1374　　1.ཤེས་རབ་ཀྱི་ཕ་རོལ་ཏུ་ཕྱིན་པ་སྟོང་ཕྲག་བརྒྱ་པ་དུམ་བུ་བཞི་བ

1.十萬頌般若波羅蜜多經第四函　　（145—4）

法 Pel.tib.1374　　1.ཤེས་རབ་ཀྱི་ཕ་རོལ་ཏུ་ཕྱིན་པ་སྟོང་ཕྲག་བརྒྱ་པ་དུམ་བུ་བཞི་བ།

1.十萬頌般若波羅蜜多經第四函　　(145—5)

法 Pel.tib.1374　2.ཤེས་རབ་ཀྱི་ཕ་རོལ་ཏུ་ཕྱིན་པ་སྟོང་ཕྲག་བརྒྱ་པ་དུམ་བུ་བཞི་བ་བམ་པོ་བཅུ་གཉིས་སོ།།

2.十萬頌般若波羅蜜多經第四函第十二卷　　(145—6)

187

法 Pel.tib.1374 2.ཤེས་རབ་ཀྱི་ཕ་རོལ་ཏུ་ཕྱིན་པ་སྟོང་ཕྲག་བརྒྱ་པ་དུམ་བུ་བཞི་བ་བམ་པོ་བཅུ་གཉིས་སོ།།

2.十萬頌般若波羅蜜多經第四函第十二卷 　　(145—7)

法 Pel.tib.1374　2.ཤེས་རབ་ཀྱི་ཕ་རོལ་དུ་ཕྱིན་པ་སྟོང་ཕྲག་བརྒྱ་པ་དུམ་བུ་བཞི་པ་བམ་པོ་བཅུ་གཉིས་སོ།　།

2.十萬頌般若波羅蜜多經第四函第十二卷　　（145—8）

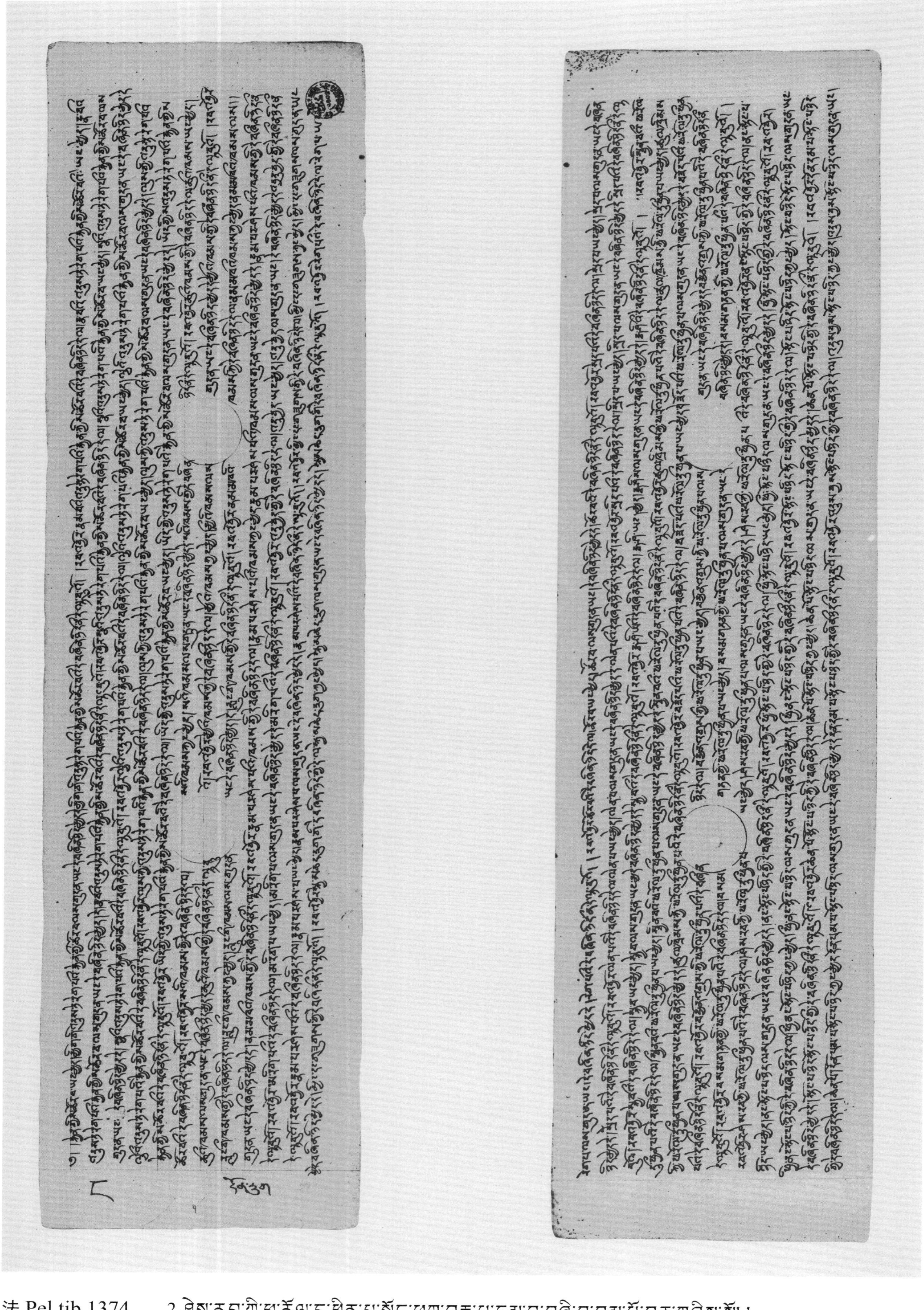

法 Pel.tib.1374　2.ཤེས་རབ་ཀྱི་ཕ་རོལ་ཏུ་ཕྱིན་པ་སྟོང་ཕྲག་བརྒྱ་པ་དུམ་བུ་བཞི་པ་བམ་པོ་བཅུ་གཉིས་སོ། །

2.十萬頌般若波羅蜜多經第四函第十二卷　(145—9)

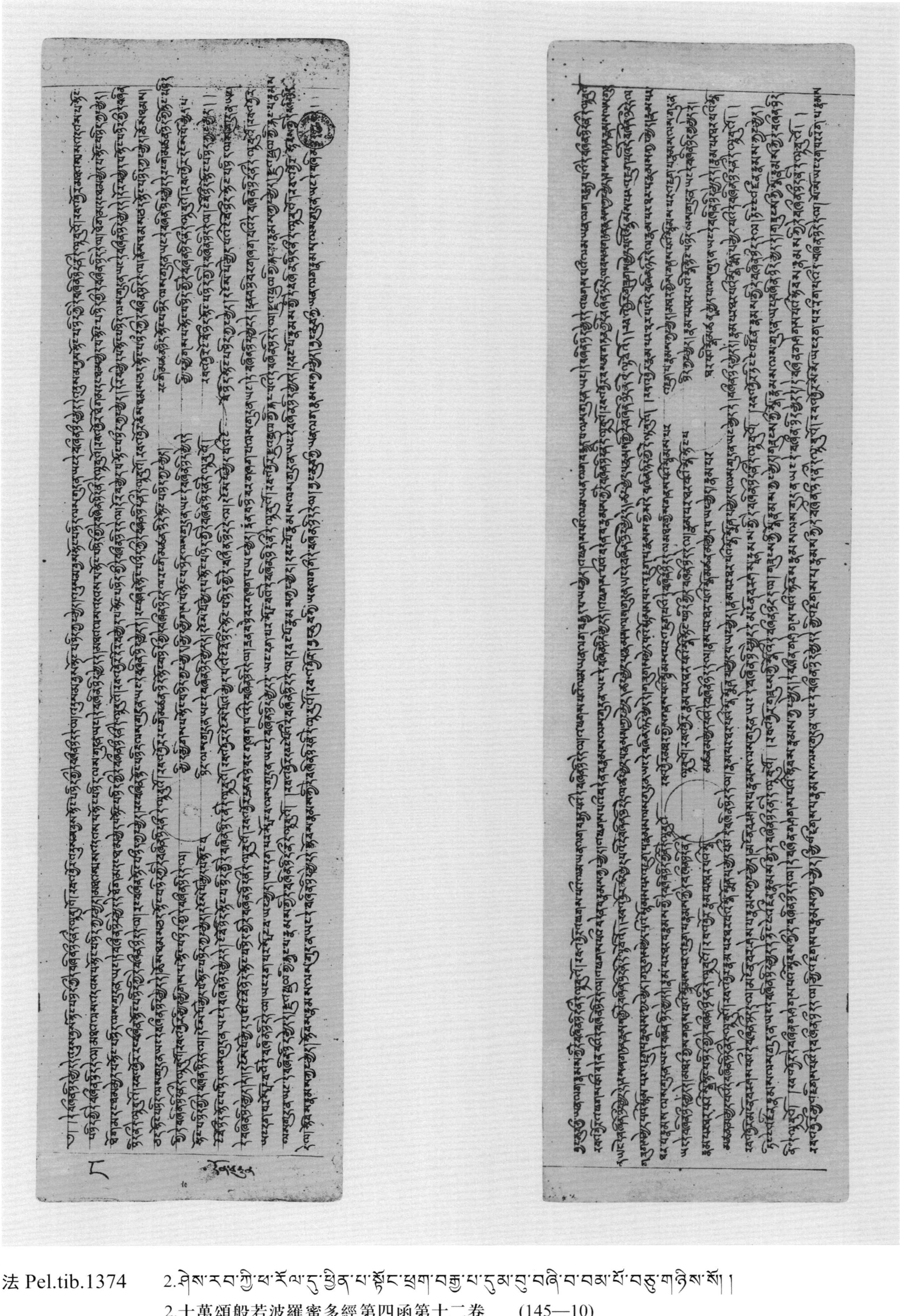

法 Pel.tib.1374 2.ཤེས་རབ་ཀྱི་ཕ་རོལ་ཏུ་ཕྱིན་པ་སྟོང་ཕྲག་བརྒྱ་པ་དུམ་བུ་བཞི་པ་བམ་པོ་བཅུ་གཉིས་སོ། །

2.十萬頌般若波羅蜜多經第四函第十二卷 (145—10)

2.ཤེས་རབ་ཀྱི་ཕ་རོལ་ཏུ་ཕྱིན་པ་སྟོང་ཕྲག་བརྒྱ་པ་དུམ་བུ་བཞི་བ་བམ་པོ་བཅུ་གཉིས་སོ།།   3.ཞུས་བྱང་།

4.ཤེས་རབ་ཀྱི་ཕ་རོལ་ཏུ་ཕྱིན་པ་སྟོང་ཕྲག་བརྒྱ་པ་དུམ་བུ་བཞི་བ་བམ་པོ་བཅུ་གསུམ་མོ།།

2.十萬頌般若波羅蜜多經第四函第十二卷   3.校對題記

4.十萬頌般若波羅蜜多經第四函第十三卷   (145—11)

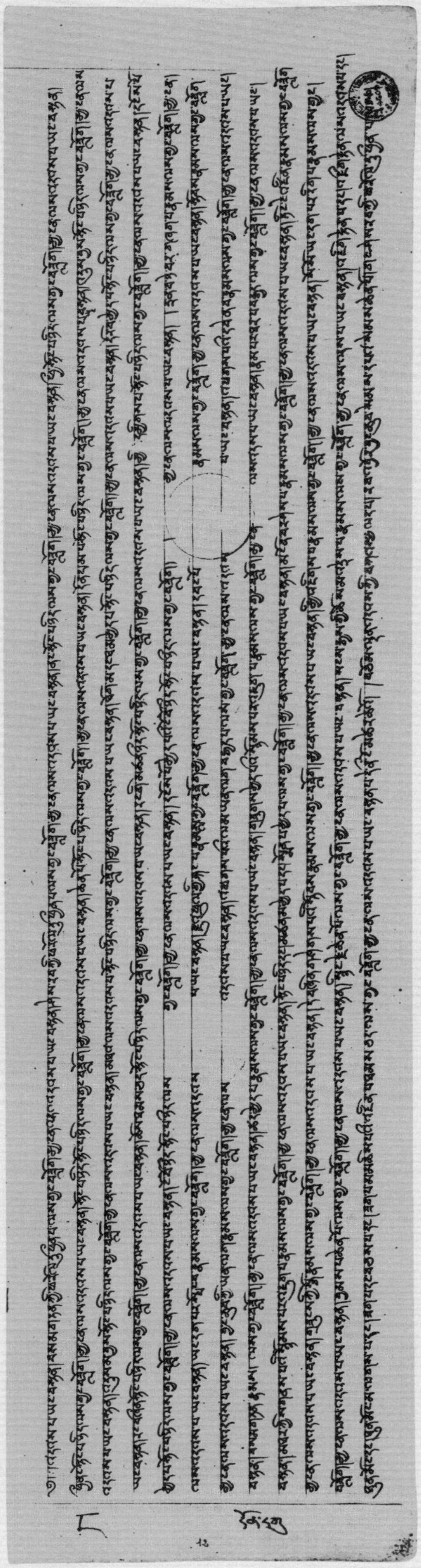

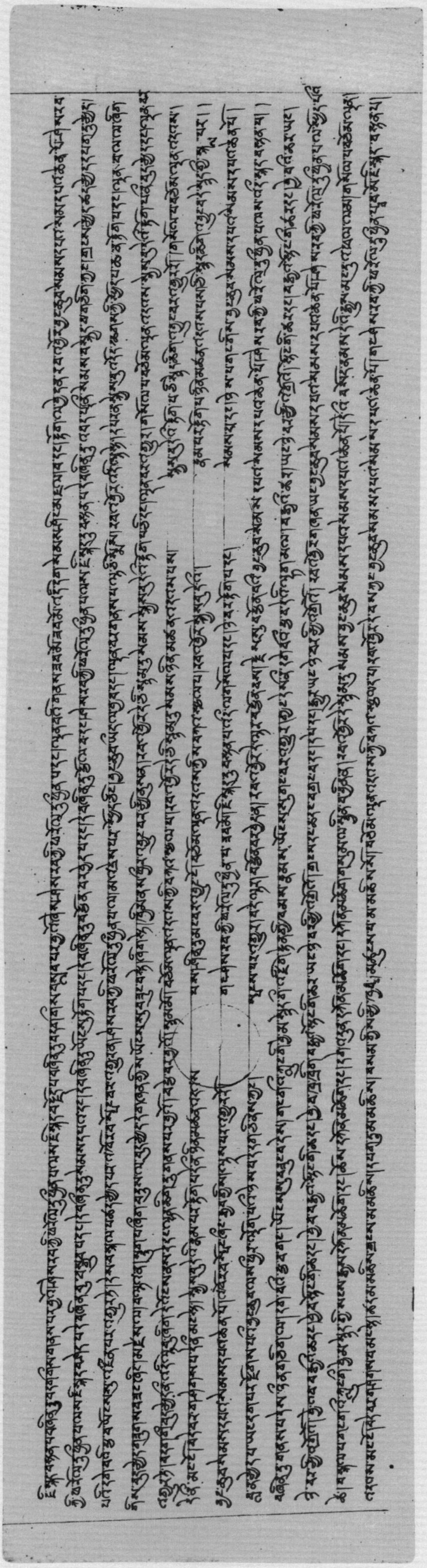

法 Pel.tib.1374 4.ཤེས་རབ་ཀྱི་ཕ་རོལ་ཏུ་ཕྱིན་པ་སྟོང་ཕྲག་བརྒྱ་པ་དུམ་བུ་བཞི་བ་བམ་པོ་བཅུ་གསུམ་མོ། །

4.十萬頌般若波羅蜜多經第四函第十三卷 (145—12)

4.ཤེས་རབ་ཀྱི་ཕ་རོལ་དུ་ཕྱིན་པ་སྟོང་ཕྲག་བརྒྱ་པ་དུམ་བུ་བཞི་བ་བམ་པོ་བཅུ་གསུམ་མོ། །

法 Pel.tib.1374　　4.ཤེས་རབ་ཀྱི་ཕ་རོལ་ཏུ་ཕྱིན་པ་སྟོང་ཕྲག་བརྒྱ་པ་དུམ་བུ་བཞི་བ་བམ་པོ་བཅུ་གསུམ་མོ།།

4.十萬頌般若波羅蜜多經第四函第十三卷　　(145—14)

4.ཤེས་རབ་ཀྱི་ཕ་རོལ་ཏུ་ཕྱིན་པ་སྟོང་ཕྲག་བརྒྱ་པ་དུམ་བུ་བཞི་པ་བམ་པོ་བཅུ་གསུམ་མོ། །

4.十萬頌般若波羅蜜多經第四函第十三卷　　(145—15)

法 Pel.tib.1374　4.ཤེས་རབ་ཀྱི་ཕ་རོལ་ཏུ་ཕྱིན་པ་སྟོང་ཕྲག་བརྒྱ་པ་དུམ་བུ་བཞི་བ་བམ་པོ་བཅུ་གསུམ་མོ།།

4.十萬頌般若波羅蜜多經第四函第十三卷　　(145—16)

法 Pel.tib.1374　　4.ཤེས་རབ་ཀྱི་ཕ་རོལ་དུ་ཕྱིན་པ་སྟོང་ཕྲག་བརྒྱ་པ་དུམ་བུ་བཞི་བ་བམ་པོ་བཅུ་གསུམ་མོ།།

4.十萬頌般若波羅蜜多經第四函第十三卷　　(145—17)

法 Pel.tib.1374　4.ཤེས་རབ་ཀྱི་ཕ་རོལ་ཏུ་ཕྱིན་པ་སྟོང་ཕྲག་བརྒྱ་པ་དུམ་བུ་བཞི་བ་བམ་པོ་བཅུ་གསུམ་མོ། །

4.十萬頌般若波羅蜜多經第四函第十三卷　　(145—18)

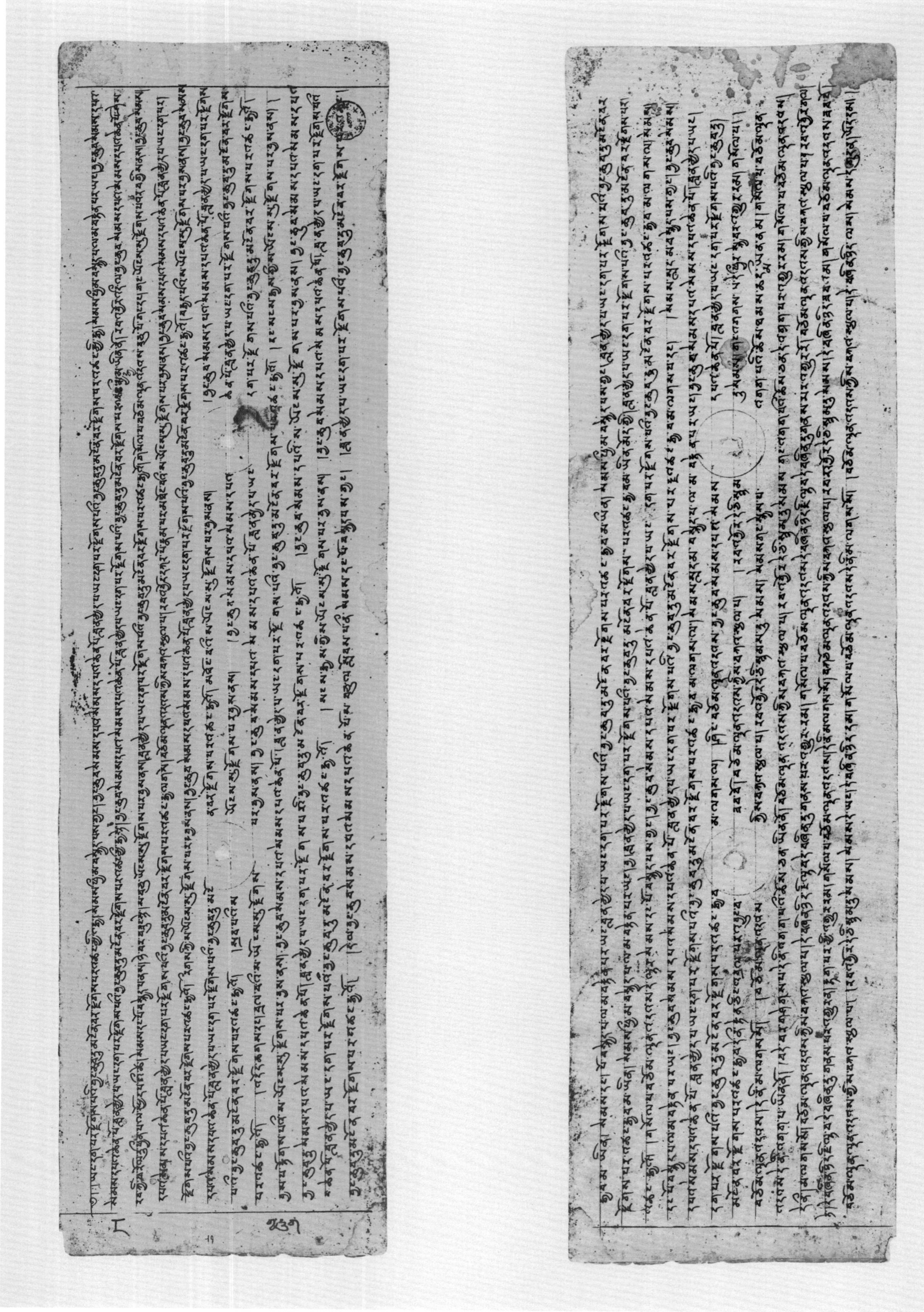

法 Pel.tib.1374　　4.ཤེས་རབ་ཀྱི་ཕ་རོལ་ཏུ་ཕྱིན་པ་སྟོང་ཕྲག་བརྒྱ་པ་དུམ་བུ་བཞི་པ་བམ་པོ་བཅུ་གསུམ་མོ། །

4.十萬頌般若波羅蜜多經第四函第十三卷　(145—19)

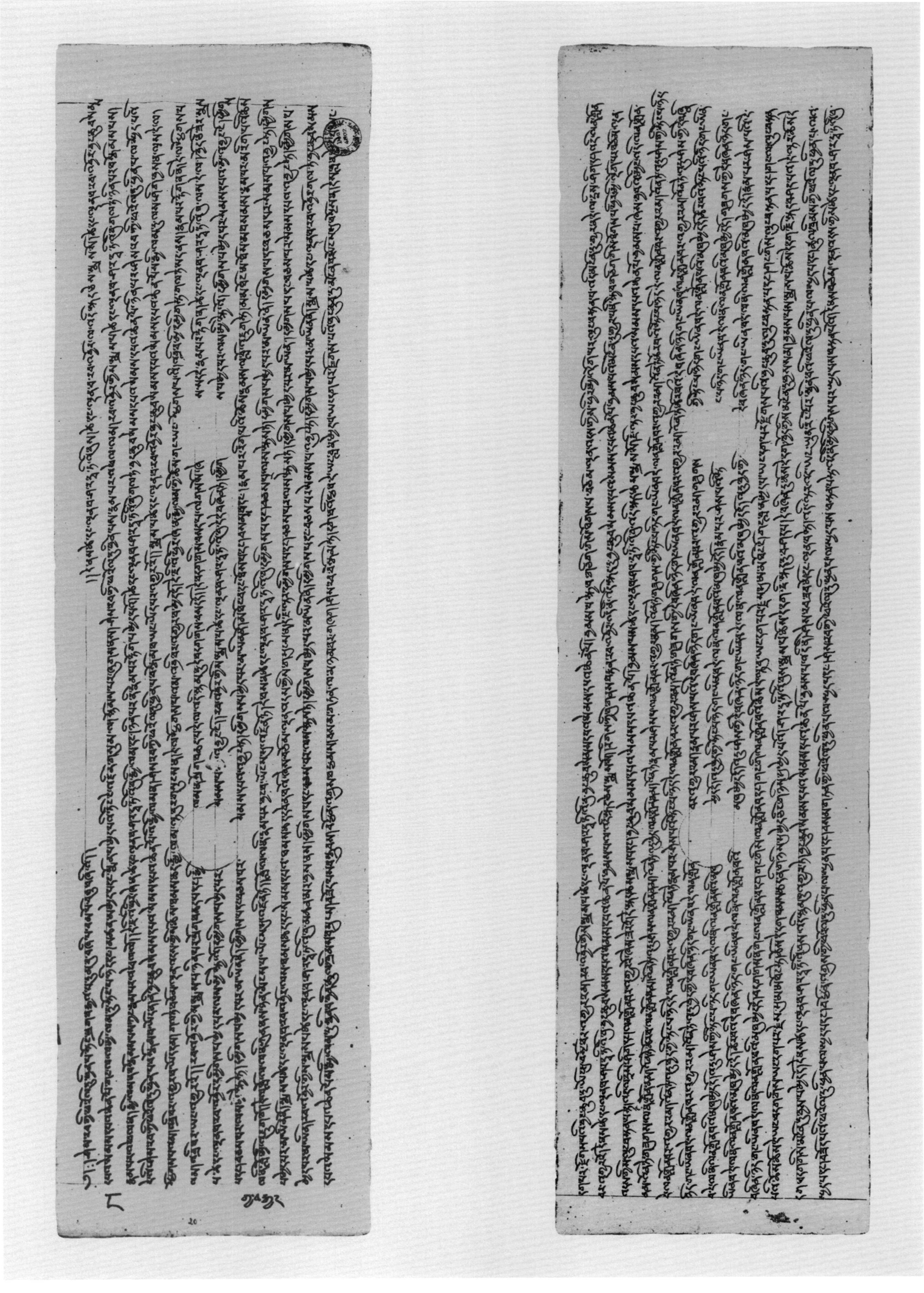

法 Pel.tib.1374　　5.ཤེས་རབ་ཀྱི་ཕ་རོལ་ཏུ་ཕྱིན་པ་སྟོང་ཕྲག་བརྒྱ་པ་དུམ་བུ་བཞི་པ་བམ་པོ་བཅུ་བཞི་པོ། །

5.十萬頌般若波羅蜜多經第四函第十四卷　　(145—20)

5. ཤེས་རབ་ཀྱི་ཕ་རོལ་དུ་ཕྱིན་པ་སྟོང་ཕྲག་བརྒྱ་པ་དུམ་བུ་བཞི་པ་བམ་པོ་བཅུ་བཞི་པོ།།

5.十萬頌般若波羅蜜多經第四函第十四卷　　(145—21)

法 Pel.tib.1374　　5.ཤེས་རབ་ཀྱི་ཕ་རོལ་དུ་ཕྱིན་པ་སྟོང་ཕྲག་བརྒྱ་པ་དུམ་བུ་བཞི་པ་བམ་པོ་བཅུ་བཞི་ལོ། །

5.十萬頌般若波羅蜜多經第四函第十四卷　　(145—22)

5. ཤེས་རབ་ཀྱི་ཕ་རོལ་དུ་ཕྱིན་པ་སྟོང་ཕྲག་བརྒྱ་པ་དུམ་བུ་བཞི་པ་བམ་པོ་བཅུ་བཞི་འོ། །

5.十萬頌般若波羅蜜多經第四函第十四卷　　(145—23)

法 Pel.tib.1374　5.ཤེས་རབ་ཀྱི་ཕ་རོལ་ཏུ་ཕྱིན་པ་སྟོང་ཕྲག་བརྒྱལ་པ་དུམ་བུ་བཞི་པ་བམ་པོ་བཅུ་བཞི་པོ།།

5.十萬頌般若波羅蜜多經第四函第十四卷　　(145—24)

ཤེས་རབ་ཀྱི་ཕ་རོལ་དུ་ཕྱིན་པ་སྟོང་ཕྲག་བརྒྱ་པ་དུམ་བུ་བཞི་པ་བམ་པོ་བཅུ་བཞི་འོ།།

5. 十萬頌般若波羅蜜多經第四函第十四卷　　（145—25）

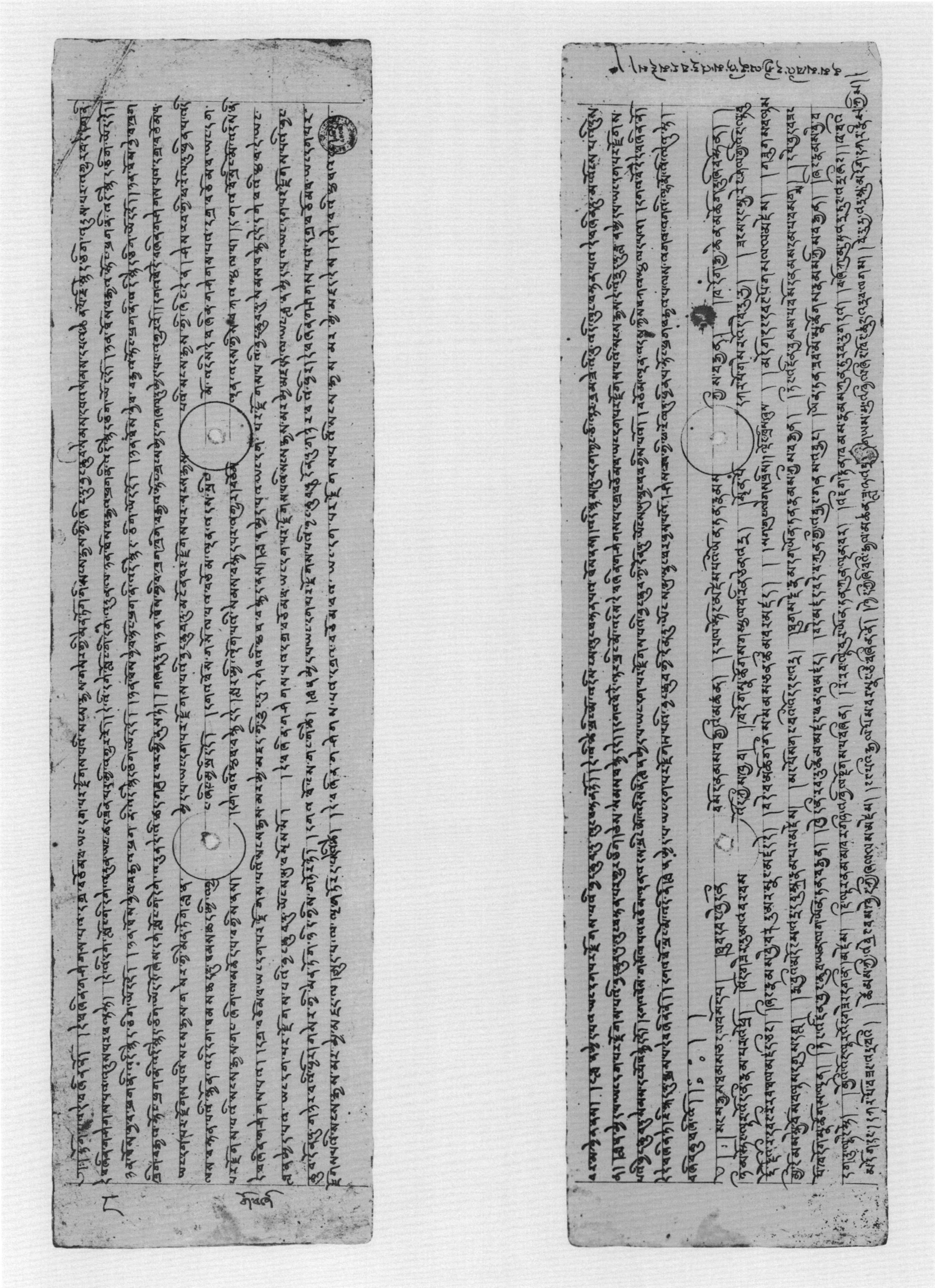

法 Pel.tib.1374　5.ཤེས་རབ་ཀྱི་ཕ་རོལ་ཏུ་ཕྱིན་པ་སྟོང་ཕྲག་བརྒྱ་པ་དུམ་བུ་བཞི་པ་བམ་པོ་བཅུ་བཞི་པོ།།　6.ཞུས་བྱང་།

5.十萬頌般若波羅蜜多經第四函第十四卷　6.抄寫校對題記　(145—26)

法 Pel.tib.1374　7.ཤེས་རབ་ཀྱི་ཕ་རོལ་ཏུ་ཕྱིན་པ་སྟོང་ཕྲག་བརྒྱ་པ་དུམ་བུ་བཞི་པ་བམ་པོ་བཅོ་ལྔ་པོ། །

7.十萬頌般若波羅蜜多經第四函第十五卷　　(145—27)

法 Pel.tib.1374　7.ཤེས་རབ་ཀྱི་ཕ་རོལ་ཏུ་ཕྱིན་པ་སྟོང་ཕྲག་བརྒྱ་པ་དུམ་བུ་བཞི་པ་བམ་པོ་བཅོ་ལྔ་པོ།།

7.十萬頌般若波羅蜜多經第四函第十五卷　(145—28)

7.ཤེས་རབ་ཀྱི་ཕ་རོལ་ཏུ་ཕྱིན་པ་སྟོང་ཕྲག་བརྒྱ་པ་དུམ་བུ་བཞི་པ་བམ་པོ་བཅོ་ལྔ་བོ། །

7.十萬頌般若波羅蜜多經第四函第十五卷　　(145—29)

法 Pel.tib.1374　7.ཤེས་རབ་ཀྱི་ཕ་རོལ་ཏུ་ཕྱིན་པ་སྟོང་ཕྲག་བརྒྱ་པ་དུམ་བུ་བཞི་པ་བམ་པོ་བཅོ་ལྔ་པོ།།

7.十萬頌般若波羅蜜多經第四函第十五卷　　(145—30)

211

法 Pel.tib.1374　7.ཤེས་རབ་ཀྱི་ཕ་རོལ་ཏུ་ཕྱིན་པ་སྟོང་ཕྲག་བརྒྱ་པ་དུམ་བུ་བཞི་པ་བམ་པོ་བཅོ་ལྔ་པོ། །

7.十萬頌般若波羅蜜多經第四函第十五卷　（145—31）

212

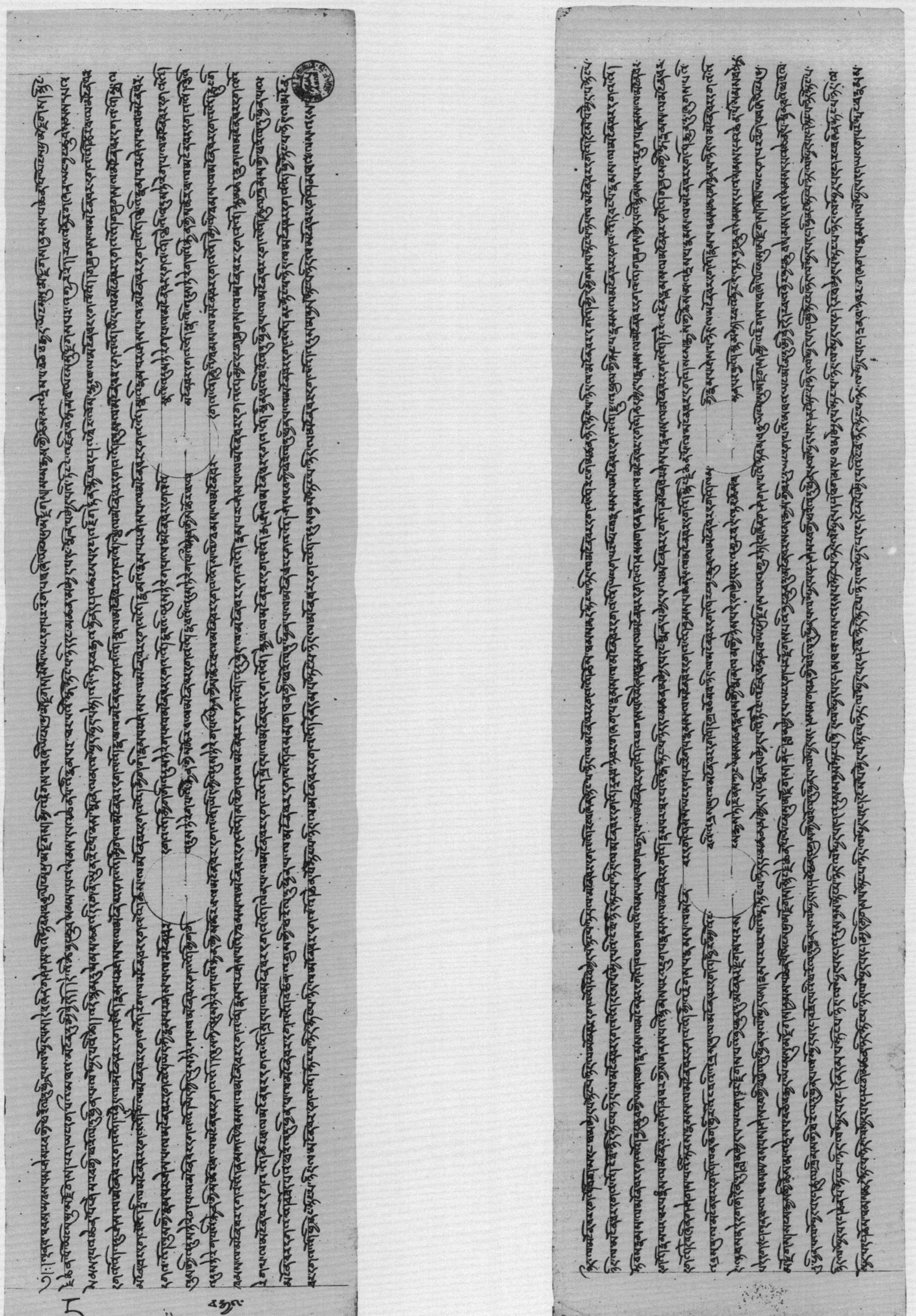

法 Pel.tib.1374　7.ཤེས་རབ་ཀྱི་ཕ་རོལ་ཏུ་ཕྱིན་པ་སྟོང་ཕྲག་བརྒྱ་པ་དུམ་བུ་བཞི་པ་བམ་པོ་བཅོ་ལྔ་པོ།།

7.十萬頌般若波羅蜜多經第四函第十五卷　(145—32)

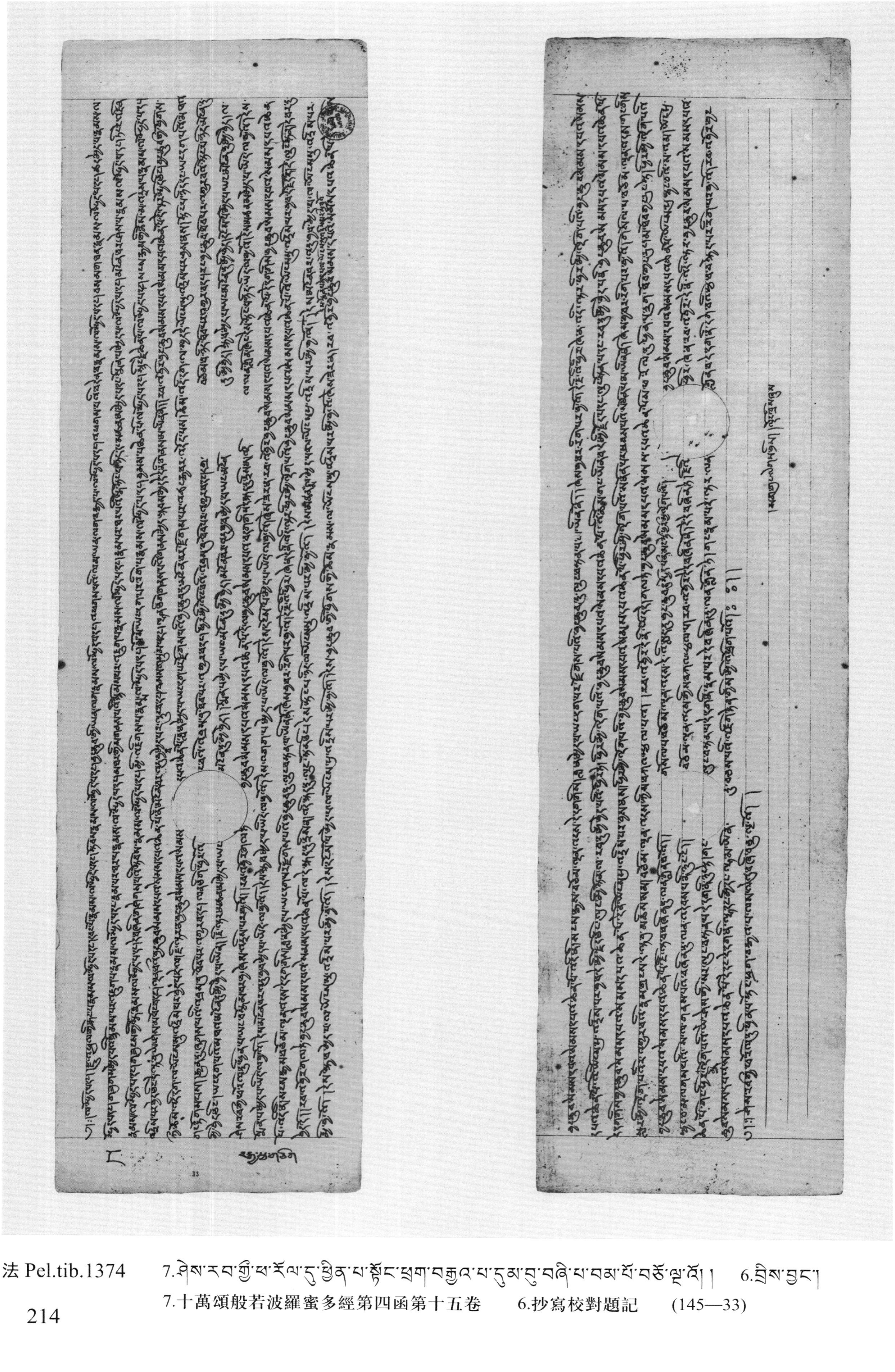

法 Pel.tib.1374　7.ཤེས་རབ་ཀྱི་ཕ་རོལ་ཏུ་ཕྱིན་པ་སྟོང་ཕྲག་བརྒྱ་པ་དུམ་བུ་བཞི་པ་བམ་པོ་བཅོ་ལྔ་པོ།།　6.བྲིས་བྱང་།

7.十萬頌般若波羅蜜多經第四函第十五卷　6.抄寫校對題記　(145—33)

法 Pel.tib.1374　8.ཤེས་རབ་ཀྱི་ཕ་རོལ་ཏུ་ཕྱིན་པ་སྟོང་ཕྲག་བརྒྱ་པ་དུམ་བུ་བཞི་པ་བམ་པོ་བཅུ་དྲུག་གོ།

8.十萬頌般若波羅蜜多經第四函第十六卷　　(145—34)

法 Pel.tib.1374　8.ཤེས་རབ་ཀྱི་ཕ་རོལ་ཏུ་ཕྱིན་པ་སྟོང་ཕྲག་བརྒྱ་པ་དུམ་བུ་བཞི་པ་བམ་པོ་བཅུ་དྲུག་གོ། །

8.十萬頌般若波羅蜜多經第四函第十六卷　　(145—35)

216

法 Pel.tib.1374　　8.ཤེས་རབ་ཀྱི་ཕ་རོལ་ཏུ་ཕྱིན་པ་སྟོང་ཕྲག་བརྒྱ་པ་དུམ་བུ་བཞི་པ་བམ་པོ་བཅུ་དྲུག་གོ། །

8.十萬頌般若波羅蜜多經第四函第十六卷　　(145—36)

法 Pel.tib.1374　8.ཤེས་རབ་ཀྱི་ཕ་རོལ་ཏུ་ཕྱིན་པ་སྟོང་ཕྲག་བརྒྱ་པ་དུམ་བུ་བཞི་པ་བམ་པོ་བཅུ་དྲུག་གོ །

8.十萬頌般若波羅蜜多經第四函第十六卷　　（145—37）

法 Pel.tib.1374　　8.ཤེས་རབ་ཀྱི་ཕ་རོལ་དུ་ཕྱིན་པ་སྟོང་ཕྲག་བརྒྱ་པ་དུམ་བུ་བཞི་པ་བམ་པོ་བཅུ་དྲུག་གོ། །　6.བྲིས་ཞུ་དག

8.十萬頌般若波羅蜜多經第四函第十六卷　　6.抄寫校對題記　　(145—38)

9.ཤེས་རབ་ཀྱི་ཕ་རོལ་ཏུ་ཕྱིན་པ་སྟོང་ཕྲག་བརྒྱ་པ་དུམ་བུ་བཞི་པ་བམ་པོ་བཅུ་བདུན་ནོ།།

法 Pel.tib.1374　9.ཤེས་རབ་ཀྱི་ཕ་རོལ་དུ་ཕྱིན་པ་སྟོང་ཕྲག་བརྒྱ་པ་དུམ་བུ་བཞི་པ་བམ་པོ་བཅུ་བདུན་ནོ། །

9.十萬頌般若波羅蜜多經第四函第十七卷　　(145—40)

221

9. ཤེས་རབ་ཀྱི་ཕ་རོལ་ཏུ་ཕྱིན་པ་སྟོང་ཕྲག་བརྒྱ་པ་དུམ་བུ་བཞི་པ་བམ་པོ་བཅུ་བདུན་ནོ། །

9.十萬頌般若波羅蜜多經第四函第十七卷　　(145—41)

法 Pel.tib.1374　9.ཤེས་རབ་ཀྱི་ཕ་རོལ་དུ་ཕྱིན་པ་སྟོང་ཕྲག་བརྒྱ་པ་དུམ་བུ་བཞི་པ་བམ་པོ་བཅུ་བདུན་ནོ།།

9.十萬頌般若波羅蜜多經第四函第十七卷　　(145—42)

法 Pel.tib.1374

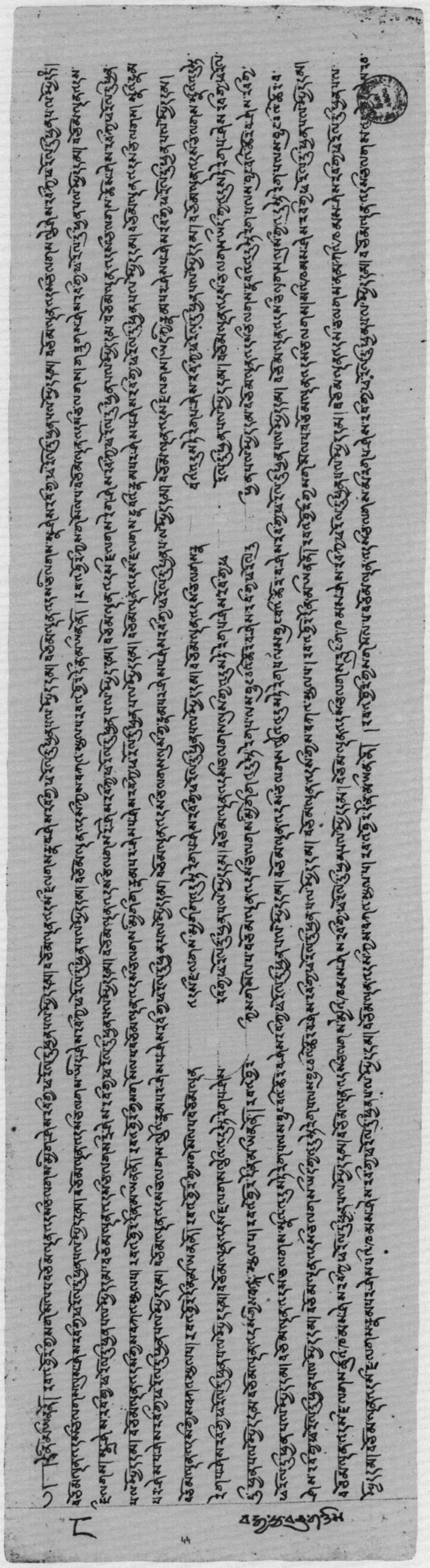

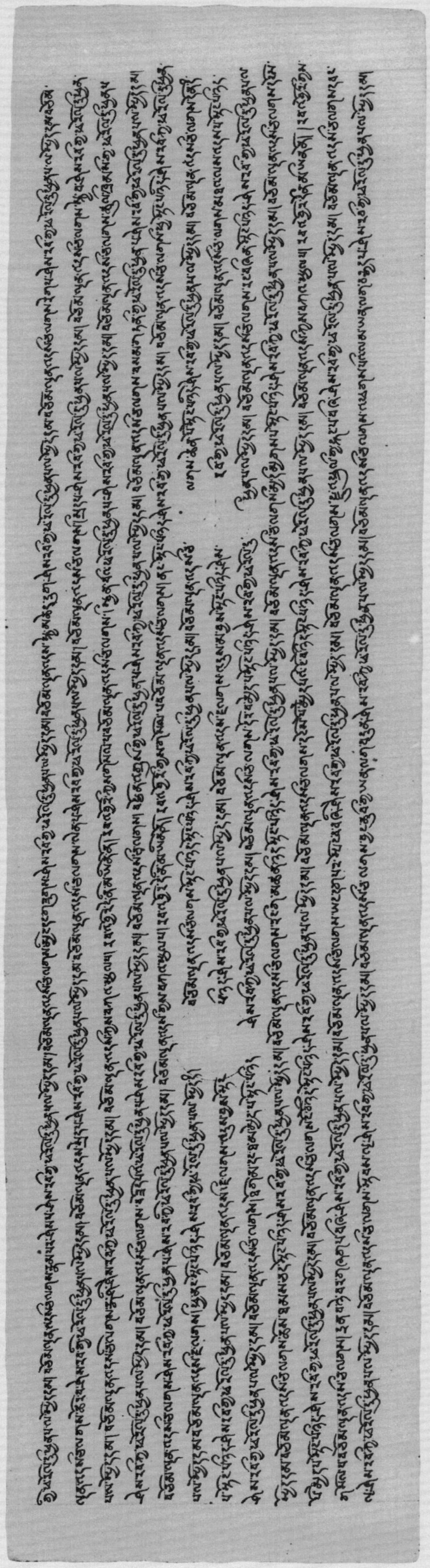

法 Pel.tib.1374　　10.ཤེས་རབ་ཀྱི་ཕ་རོལ་ཏུ་ཕྱིན་པ་སྟོང་ཕྲག་བརྒྱ་པ་དུམ་བུ་བཞི་པ་བམ་པོ་བཅོ་བརྒྱད་དོ། །

10.十萬頌般若波羅蜜多經第四函第十八卷　　(145—44)

法 Pel.tib.1374　　10.ཤེས་རབ་ཀྱི་ཕ་རོལ་དུ་ཕྱིན་པ་སྟོང་ཕྲག་བརྒྱ་པ་དུམ་བུ་བཞི་པ་བམ་པོ་བཅོ་བརྒྱད་དོ།།

10.十萬頌般若波羅蜜多經第四函第十八卷　　(145—45)

226

法 Pel.tib.1374　　10.ཤེས་རབ་ཀྱི་ཕ་རོལ་ཏུ་ཕྱིན་པ་སྟོང་ཕྲག་བརྒྱ་པ་དུམ་བུ་བཞི་པ་བམ་པོ་བཅོ་བརྒྱད་དོ།།

10.十萬頌般若波羅蜜多經第四函第十八卷　　(145—46)

10.ཤེས་རབ་ཀྱི་ཕ་རོལ་ཏུ་ཕྱིན་པ་སྟོང་ཕྲག་བརྒྱ་པ་དུམ་བུ་བཞི་པ་བམ་པོ་བཅོ་བརྒྱད་དོ། །

10.十萬頌般若波羅蜜多經第四函第十八卷　　(145—47)

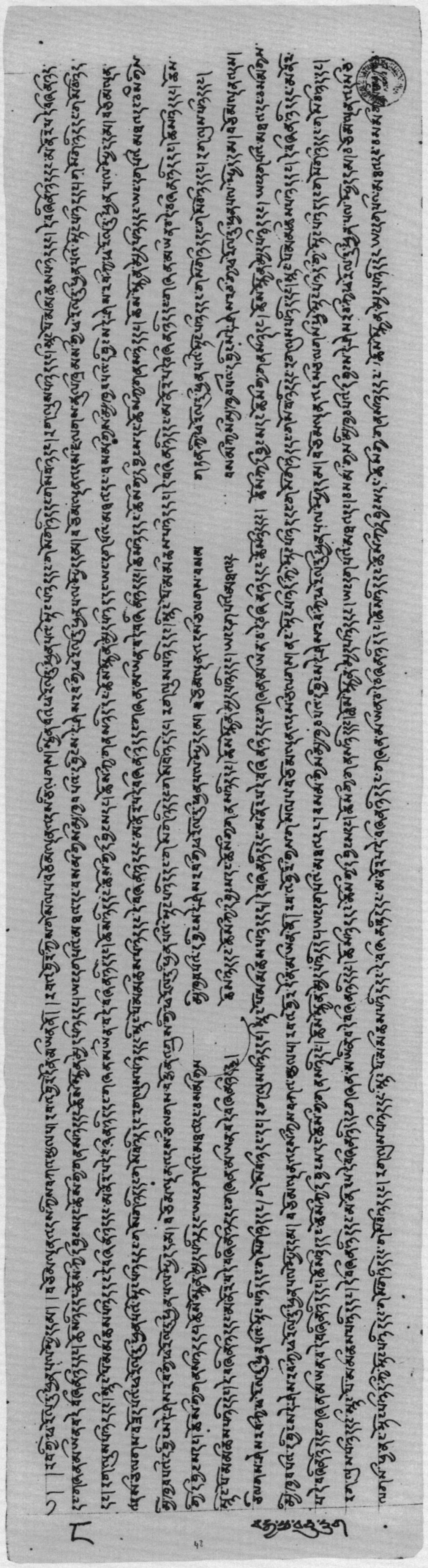
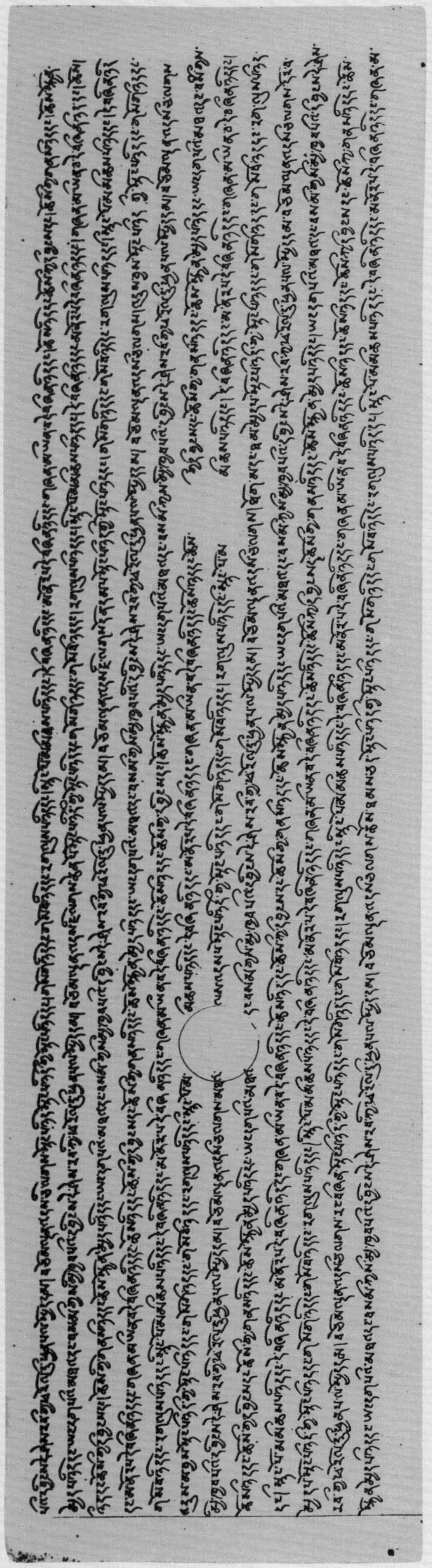

法 Pel.tib.1374　10.ཤེས་རབ་ཀྱི་ཕ་རོལ་ཏུ་ཕྱིན་པ་སྟོང་ཕྲག་བརྒྱ་པ་དུམ་བུ་བཞི་པ་བམ་པོ་བཅོ་བརྒྱད་དོ།།

10.十萬頌般若波羅蜜多經第四函第十八卷　(145—48)

10.ཤེས་རབ་ཀྱི་ཕ་རོལ་ཏུ་ཕྱིན་པ་སྟོང་ཕྲག་བརྒྱ་པ་དུམ་བུ་བཞི་པ་བམ་པོ་བཅོ་བརྒྱད་དོ།། 　6.བྲིས་བྱང་།

11.ཤེས་རབ་ཀྱི་ཕ་རོལ་ཏུ་ཕྱིན་པ་སྟོང་ཕྲག་བརྒྱ་པ་དུམ་བུ་བཞི་པ་བམ་པོ་བཅུ་དགུའོ།།

10.十萬頌般若波羅蜜多經第四函第十八卷　　6.抄寫校對題記

11.十萬頌般若波羅蜜多經第四函第十九卷　　(145—49)

法 Pel.tib.1374　　11.ཤེས་རབ་ཀྱི་ཕ་རོལ་ཏུ་ཕྱིན་པ་སྟོང་ཕྲག་བརྒྱ་པ་དུམ་བུ་བཞི་པ་བམ་པོ་བཅུ་དགུ་པོ། །

11.十萬頌般若波羅蜜多經第四函第十九卷　　(145—50)

法 Pel.tib.1374　　11.ཤེས་རབ་ཀྱི་ཕ་རོལ་ཏུ་ཕྱིན་པ་སྟོང་ཕྲག་བརྒྱ་པ་དུམ་བུ་བཞི་པ་བམ་པོ་བཅུ་དགུ་པོ། །

11.十萬頌般若波羅蜜多經第四函第十九卷　　(145—51)

法 Pel.tib.1374　11.ཤེས་རབ་ཀྱི་ཕ་རོལ་ཏུ་ཕྱིན་པ་སྟོང་ཕྲག་བརྒྱ་པ་དུམ་བུ་བཞི་པ་བམ་པོ་བཅུ་དགུ་གོ ། །

11.十萬頌般若波羅蜜多經第四函第十九卷　　(145—52)

11.ཤེས་རབ་ཀྱི་ཕ་རོལ་ཏུ་ཕྱིན་པ་སྟོང་ཕྲག་བརྒྱ་པ་དུམ་བུ་བཞི་པ་བམ་པོ་བཅུ་དགུཔོ། །

11.十萬頌般若波羅蜜多經第四函第十九卷　　(145—53)

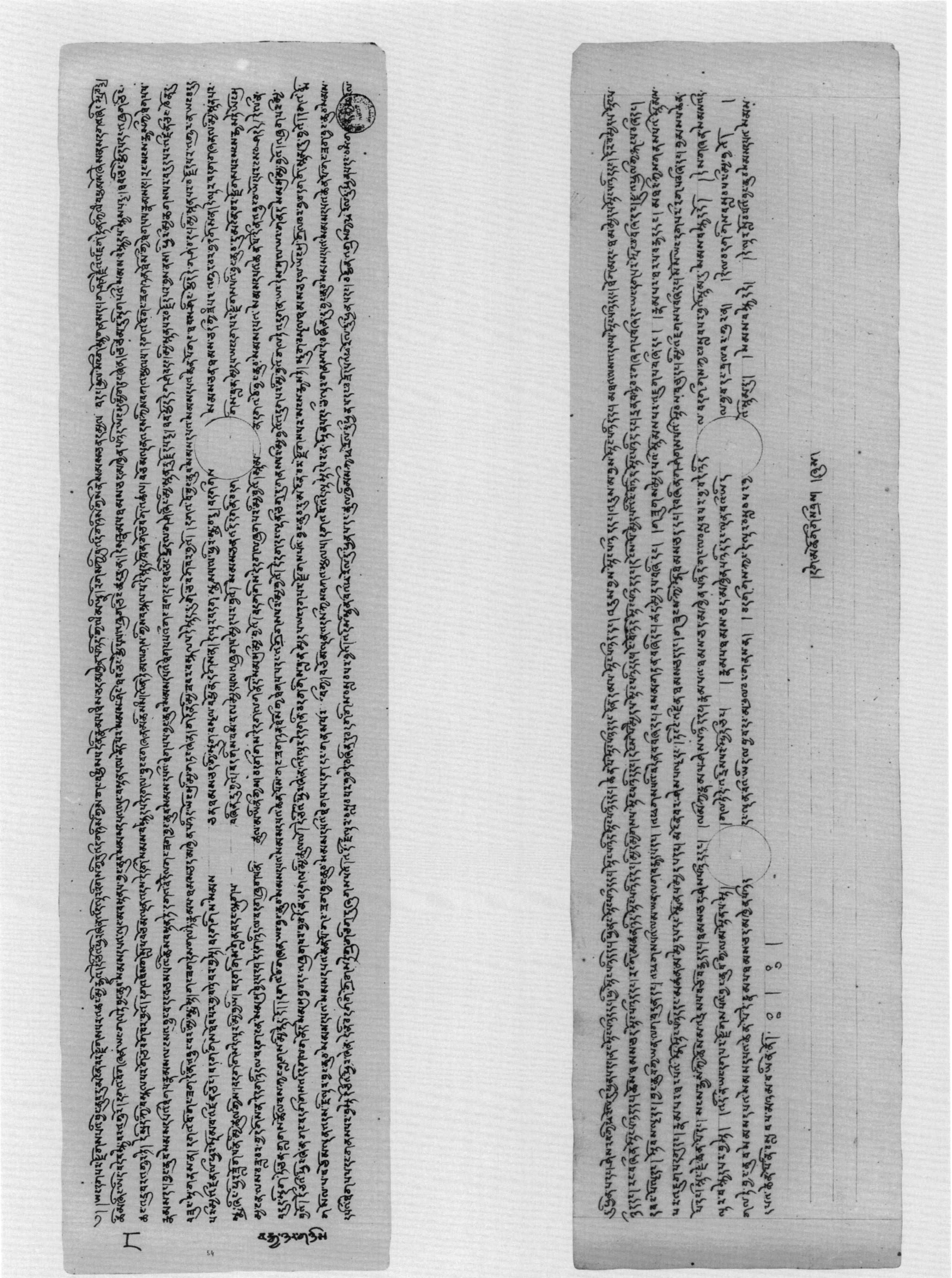

法 Pel.tib.1374　11.ཤེས་རབ་ཀྱི་ཕ་རོལ་ཏུ་ཕྱིན་པ་སྟོང་ཕྲག་བརྒྱ་པ་དུམ་བུ་བཞི་པ་བམ་པོ་བཅུ་དགུ་པ།　6.བྲིས་བྱང་།

11.十萬頌般若波羅蜜多經第四函第十九卷　6.抄寫校對題記　(145—54)

12.ཤེས་རབ་ཀྱི་ཕ་རོལ་དུ་ཕྱིན་པ་སྟོང་ཕྲག་བརྒྱ་པ་དུམ་བུ་བཞི་པ་བཨ་པོ་ནི་ཤུ་པོ།།

12.十萬頌般若波羅蜜多經第四函第二十卷　（145—55）

法 Pel.tib.1374　　12.ཤེས་རབ་ཀྱི་ཕ་རོལ་ཏུ་ཕྱིན་པ་སྟོང་ཕྲག་བརྒྱ་པ་དུམ་བུ་བཞི་པ་བམ་པོ་ཉི་ཤུ་པོ།　　།

12.十萬頌般若波羅蜜多經第四函第二十卷　　（145—56）

12.ཤེས་རབ་ཀྱི་ཕ་རོལ་ཏུ་ཕྱིན་པ་སྟོང་ཕྲག་བརྒྱ་པ་དུམ་བུ་བཞི་པ་བམ་པོ་ཉི་ཤུ་པོ། །

12.十萬頌般若波羅蜜多經第四函第二十卷　　(145—57)

法 Pel.tib.1374　　12.ཤེས་རབ་ཀྱི་ཕ་རོལ་ཏུ་ཕྱིན་པ་སྟོང་ཕྲག་བརྒྱ་པ་དུམ་བུ་བཞི་པ་བམ་པོ་ཉི་ཤུ་པའོ།།

12.十萬頌般若波羅蜜多經第四函第二十卷　　(145—58)

239

12. ནེས་རབ་ཀྱི་ཕ་རོལ་ཏུ་ཕྱིན་པ་སྟོང་ཕྲག་བརྒྱ་པ་དུམ་བུ་བཞི་པ་བམ་པོ་ཉི་ཤུ་པོ། །

12.十萬頌般若波羅蜜多經第四函第二十卷　　(145—59)

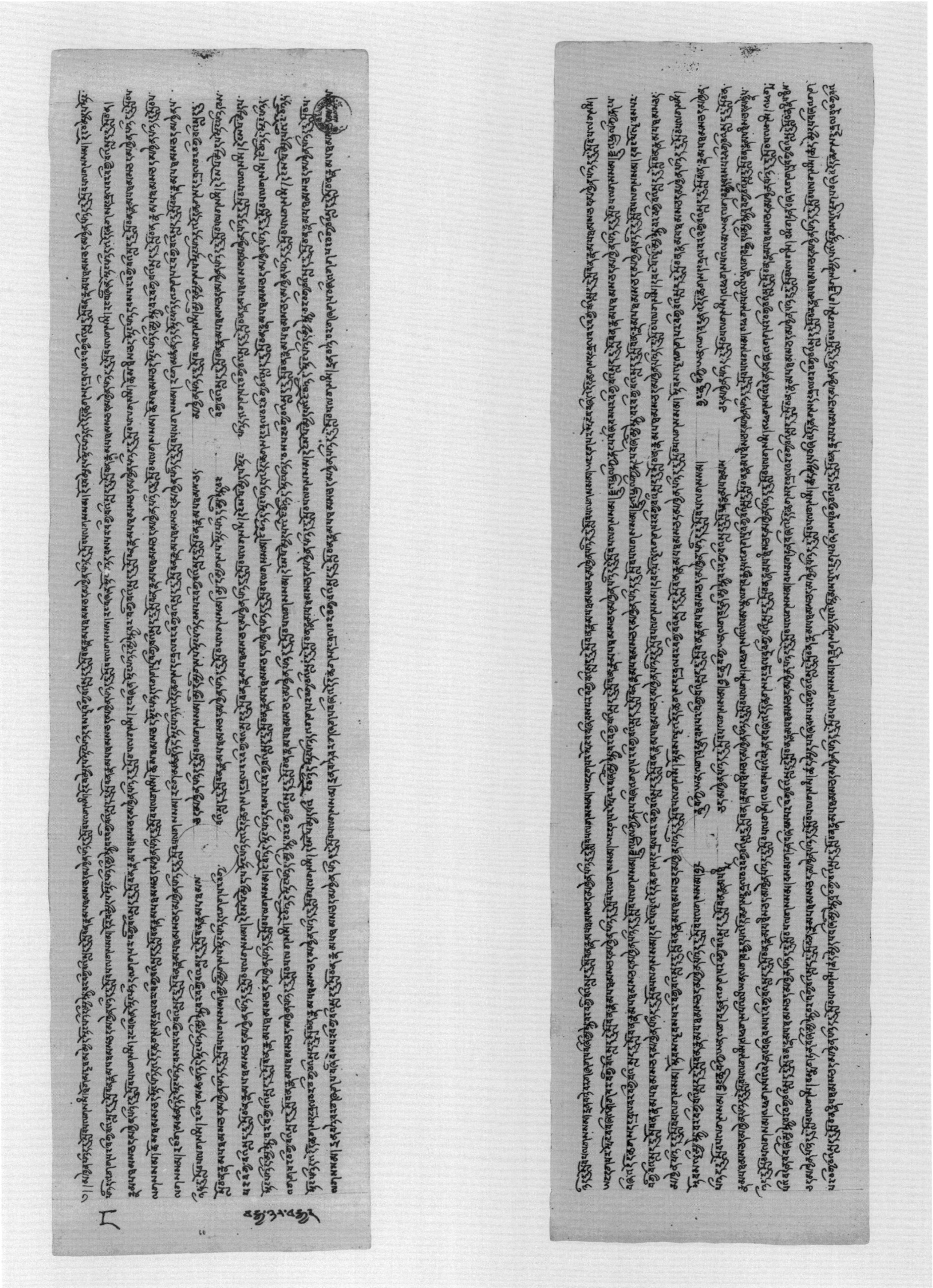

法 Pel.tib.1374　　12.ཤེས་རབ་ཀྱི་ཕ་རོལ་ཏུ་ཕྱིན་པ་སྟོང་ཕྲག་བརྒྱ་པ་དུམ་བུ་བཞི་པ་བམ་པོ་ཉི་ཤུ་པ།
12.十萬頌般若波羅蜜多經第四函第二十卷　(145—60)

12.ཤེས་རབ་ཀྱི་ཕ་རོལ་ཏུ་ཕྱིན་པ་སྟོང་ཕྲག་བརྒྱ་པ་དུམ་བུ་བཞི་པ་བམ་པོ་ཉི་ཤུ་པའོ། །　6.ཤེས་བྱང་།

12.十萬頌般若波羅蜜多經第四函第二十卷　　6.抄寫校對題記　　(145—61)

法 Pel.tib.1374　13.ཤེས་རབ་ཀྱི་ཕ་རོལ་ཏུ་ཕྱིན་པ་སྟོང་ཕྲག་བརྒྱ་པ་དུམ་བུ་བཞི་པ་བམ་པོ་ཉི་ཤུ་གཅིག་གོ། །

13.十萬頌般若波羅蜜多經第四函第二十一卷　　(145—62)

13.ཤེས་རབ་ཀྱི་ཕ་རོལ་ཏུ་ཕྱིན་པ་སྟོང་ཕྲག་བརྒྱ་པ་དུམ་བུ་བཞི་པ་བམ་པོ་ཉི་ཤུ་གཅིག་གོ།།

13.十萬頌般若波羅蜜多經第四函第二十一卷　　(145—63)

法 Pel.tib.1374　　13.ཤེས་རབ་ཀྱི་ཕ་རོལ་དུ་ཕྱིན་པ་སྟོང་ཕྲག་བརྒྱ་པ་དུམ་བུ་བཞི་པ་བམ་པོ་ཉི་ཤུ་གཅིག་གོ །

13.十萬頌般若波羅蜜多經第四函第二十一卷　　(145—64)

法 Pel.tib.1374　13.ཤེས་རབ་ཀྱི་ཕ་རོལ་དུ་ཕྱིན་པ་སྟོང་ཕྲག་བརྒྱ་པ་དུམ་བུ་བཞི་པ་བམ་པོ་ཉི་ཤུ་གཅིག་གོ །

13.十萬頌般若波羅蜜多經第四函第二十一卷　（145—65）

246

法 Pel.tib.1374　　13.ཤེས་རབ་ཀྱི་ཕ་རོལ་ཏུ་ཕྱིན་པ་སྟོང་ཕྲག་བརྒྱའ་པ་དུམ་བུ་བཞི་པ་བམ་པོ་ཉི་ཤུ་གཅིག་གོ།།

13.十萬頌般若波羅蜜多經第四函第二十一卷　　（145—66）

13.ཤེས་རབ་ཀྱི་ཕ་རོལ་དུ་ཕྱིན་པ་སྟོང་ཕྲག་བརྒྱ་པ་དུམ་བུ་བཞི་པ་བམ་པོ་ཉི་ཤུ་གཅིག་གོ །

13.十萬頌般若波羅蜜多經第四函第二十一卷　　(145—67)

法 Pel.tib.1374　　13.ཤེས་རབ་ཀྱི་ཕ་རོལ་ཏུ་ཕྱིན་པ་སྟོང་ཕྲག་བརྒྱ་པ་དུམ་བུ་བཞི་པ་བམ་པོ་ཉི་ཤུ་གཅིག་གོ །　　6.ཐྲིས་བྱད།

13.十萬頌般若波羅蜜多經第四函第二十一卷　　6.抄寫校對題記　　(145—68)

249

14.ཤེས་རབ་ཀྱི་ཕ་རོལ་དུ་ཕྱིན་པ་སྟོང་ཕྲག་བརྒྱ་པ་དུམ་བུ་བཞི་པ་བམ་པོ་ཉི་ཤུ་གཉིས་སོ།།

14.十萬頌般若波羅蜜多經第四函第二十二卷 (145—69)

法 Pel.tib.1374　14.ནེས་རབ་ཀྱི་ཕ་རོལ་ཏུ་ཕྱིན་པ་སྟོང་ཕྲག་བརྒྱ་པ་དུམ་བུ་བཞི་པ་བམ་པོ་ཉི་ཤུ་གཉིས་སོ། །

14.十萬頌般若波羅蜜多經第四函第二十二卷　（145—70）

251

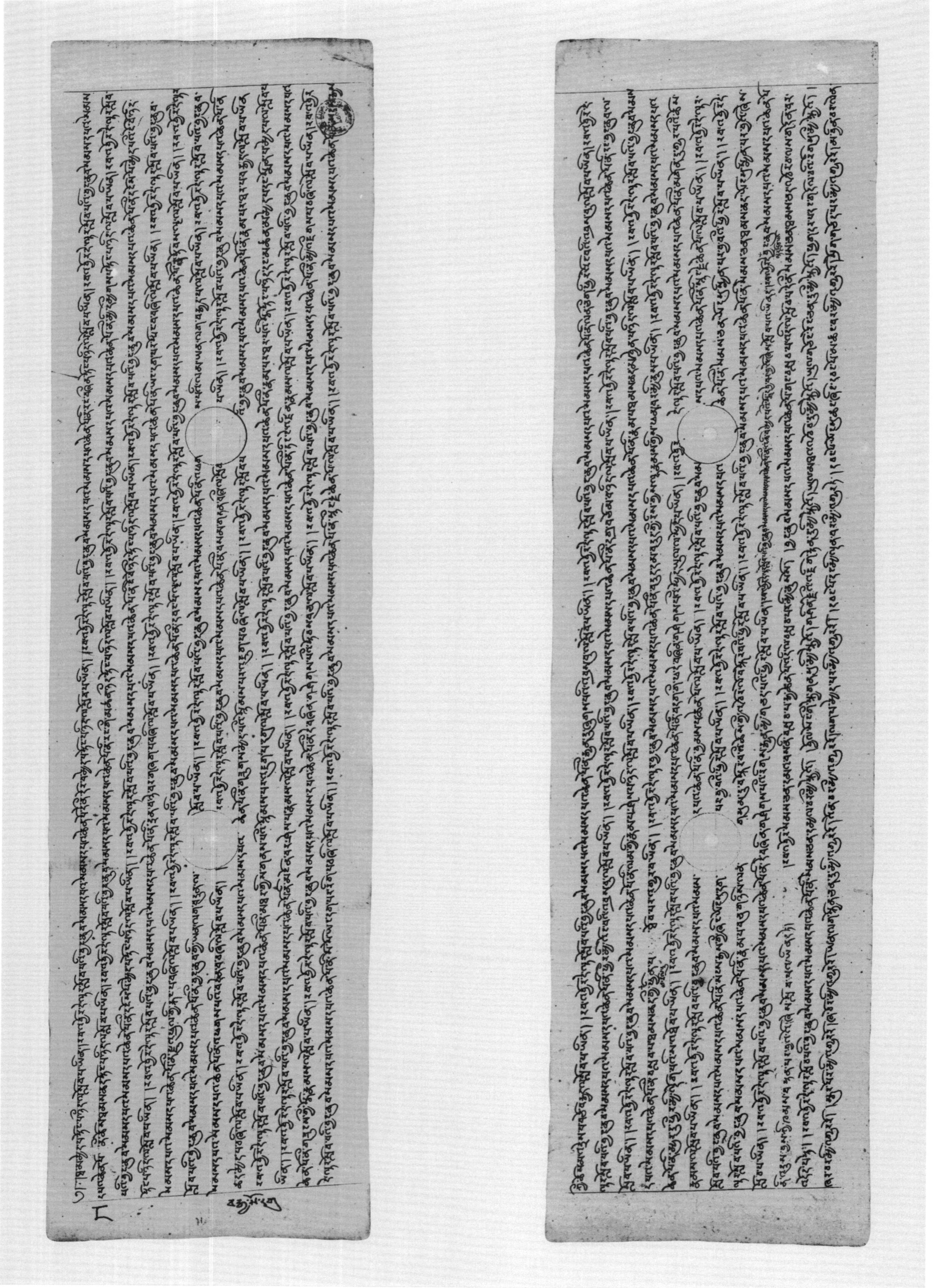

法 Pel.tib.1374　　14.ཤེས་རབ་ཀྱི་ཕ་རོལ་ཏུ་ཕྱིན་པ་སྟོང་ཕྲག་བརྒྱ་པ་དུམ་བུ་བཞི་པ་བམ་པོ་ཉི་ཤུ་གཉིས་སོ།།

14.十萬頌般若波羅蜜多經第四函第二十二卷　(145—71)

14.ཤེས་རབ་ཀྱི་ཕ་རོལ་ཏུ་ཕྱིན་པ་སྟོང་ཕྲག་བརྒྱ་པ་དུམ་བུ་བཞི་པ་བམ་པོ་ཉི་ཤུ་གཉིས་སོ།།

14.十萬頌般若波羅蜜多經第四函第二十二卷　(145—72)

14.ཤེས་རབ་ཀྱི་ཕ་རོལ་དུ་ཕྱིན་པ་སྟོང་ཕྲག་བརྒྱ་པ་དུམ་བུ་བཞི་པ་བམ་པོ་ཉི་ཤུ་གཉིས་སོ།།

14.十萬頌般若波羅蜜多經第四函第二十二卷　　(145—73)

法 Pel.tib.1374　　14.ཤེས་རབ་ཀྱི་ཕ་རོལ་ཏུ་ཕྱིན་པ་སྟོང་ཕྲག་བརྒྱ་པ་དུམ་བུ་བཞི་པ་བམ་པོ་ཉི་ཤུ་གཉིས་སོ། །

14.十萬頌般若波羅蜜多經第四函第二十二卷　　(145—74)

14.ཤེས་རབ་ཀྱི་ཕ་རོལ་དུ་ཕྱིན་པ་སྟོང་ཕྲག་བརྒྱ་པ་དུམ་བུ་བཞི་པ་བམ་པོ་ཉི་ཤུ་གཉིས་སོ། ། 6.བྲིས་བྱང་།

14.十萬頌般若波羅蜜多經第四函第二十二卷　　6.抄寫校對題記　　(145—75)

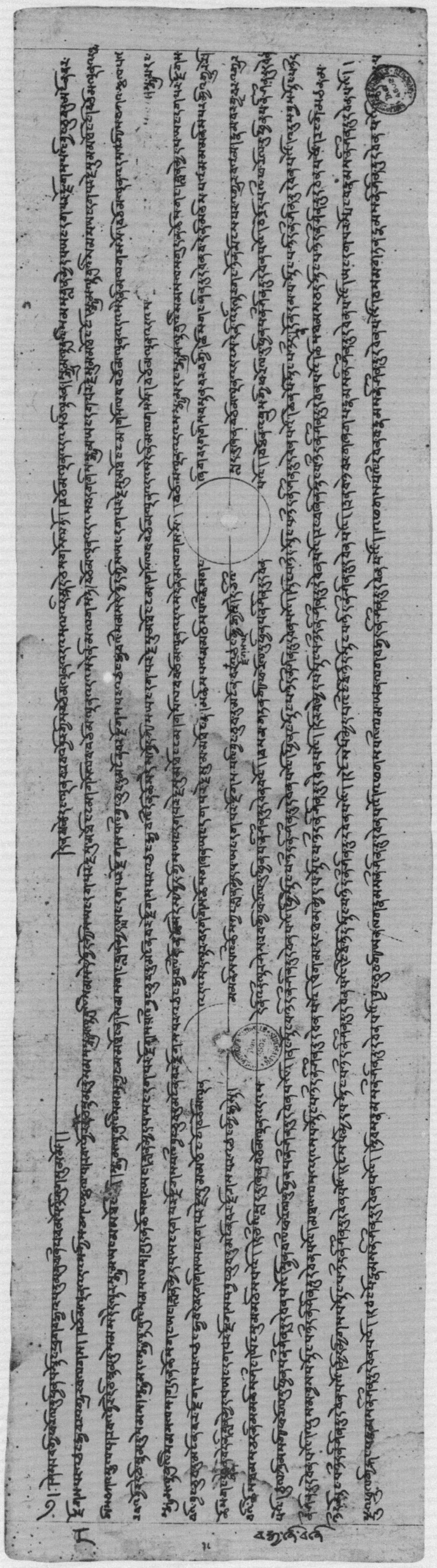

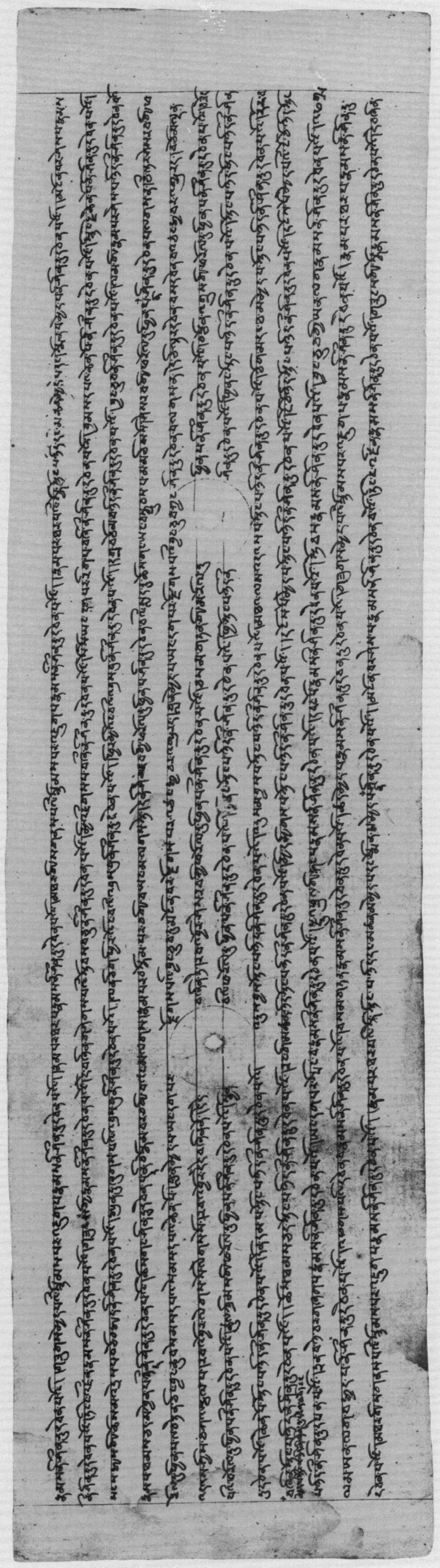

法 Pel.tib.1374　15.ཤེས་རབ་ཀྱི་ཕ་རོལ་ཏུ་ཕྱིན་པ་སྟོང་ཕྲག་བརྒྱ་པ་དུམ་བུ་བཞི་པ་བམ་པོ་ཉི་ཤུ་གསུམ་མོ། །

15.十萬頌般若波羅蜜多經第四函第二十三卷　(145—76)

15. ཤེས་རབ་ཀྱི་ཕ་རོལ་ཏུ་ཕྱིན་པ་སྟོང་ཕྲག་བརྒྱ་པ་དུམ་བུ་བཞི་པ་བམ་པོ་ཉི་ཤུ་གསུམ་མོ།།

15.十萬頌般若波羅蜜多經第四函第二十三卷 （145—77）

法 Pel.tib.1374　15.ཤེས་རབ་ཀྱི་ཕ་རོལ་ཏུ་ཕྱིན་པ་སྟོང་ཕྲག་བརྒྱ་པ་དུམ་བུ་བཞི་པ་བམ་པོ་ཉི་ཤུ་གསུམ་མོ།།

15.十萬頌般若波羅蜜多經第四函第二十三卷　　(145—78)

15.ཤེས་རབ་ཀྱི་ཕ་རོལ་དུ་ཕྱིན་པ་སྟོང་ཕྲག་བརྒྱ་པ་དུམ་བུ་བཞི་པ་བམ་པོ་ཉི་ཤུ་གསུམ་སོ། །

15.十萬頌般若波羅蜜多經第四函第二十三卷　　(145—79)

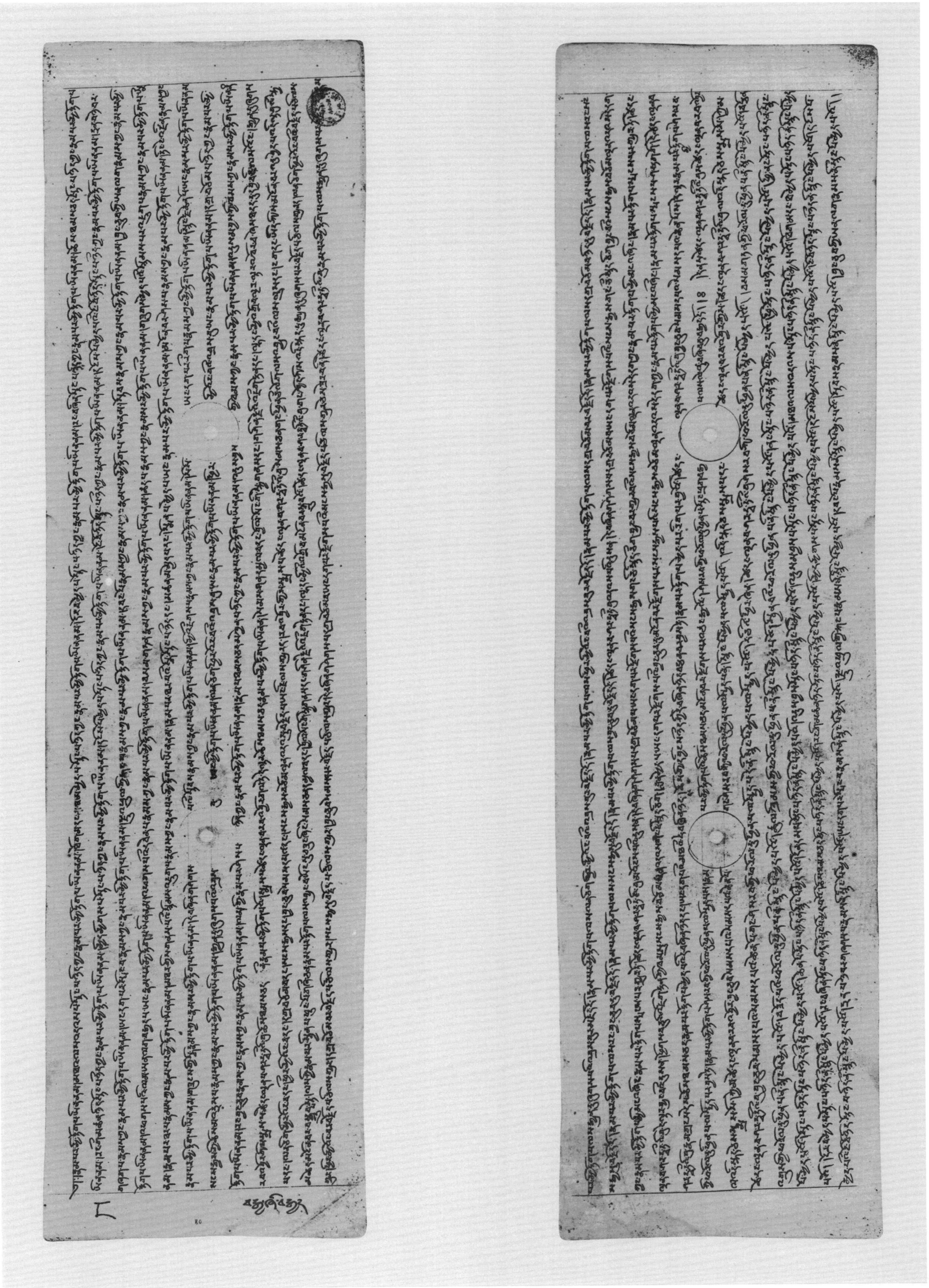

法 Pel.tib.1374　　15.ཤེས་རབ་ཀྱི་ཕ་རོལ་ཏུ་ཕྱིན་པ་སྟོང་ཕྲག་བརྒྱའ་པ་དུམ་བུ་བཞི་པ་བམ་པོ་ཉི་ཤུ་གསུམ་མོ།།

15.十萬頌般若波羅蜜多經第四函第二十三卷　(145—80)

15. ཤེས་རབ་ཀྱི་ཕ་རོལ་ཏུ་ཕྱིན་པ་སྟོང་ཕྲག་བརྒྱ་པ་དུམ་བུ་བཞི་པ་བམ་པོ་ཉི་ཤུ་གསུམ་མོ། །

15. 十萬頌般若波羅蜜多經第四函第二十三卷　　（145—81）

15.ཤེས་རབ་ཀྱི་ཕ་རོལ་ཏུ་ཕྱིན་པ་སྟོང་ཕྲག་བརྒྱ་པ་དུམ་བུ་བཞི་པ་བམ་པོ་ཉི་ཤུ་གསུམ་མོ།། 6.བྲིས་བྱང་།

16.ཤེས་རབ་ཀྱི་ཕ་རོལ་ཏུ་ཕྱིན་པ་སྟོང་ཕྲག་བརྒྱ་པ་དུམ་བུ་བཞི་པ་བམ་པོ་ཉི་ཤུ་བཞིའོ།།

15.十萬頌般若波羅蜜多經第四函第二十三卷　　6.抄寫校對題記

16.十萬頌般若波羅蜜多經第四函第二十四卷　　（145—82）

16.ཤེ་ཤེས་རབ་ཀྱི་ཕ་རོལ་དུ་ཕྱིན་པ་སྟོང་ཕྲག་བརྒྱ་པ་དུམ་བུ་བཞི་པ་བམ་པོ་ཉི་ཤུ་བཞི་པོ། །

16.十萬頌般若波羅蜜多經第四函第二十四卷　　（145—83）

法 Pel.tib.1374　16.ཤེས་རབ་ཀྱི་ཕ་རོལ་དུ་ཕྱིན་པ་སྟོང་ཕྲག་བརྒྱ་པ་དུམ་བུ་བཞི་པ་བམ་པོ་ཉེ་ཤུ་བཞི་པོ།།

16.十萬頌般若波羅蜜多經第四函第二十四卷　　(145—84)

ཤེས་རབ་ཀྱི་ཕ་རོལ་ཏུ་ཕྱིན་པ་སྟོང་ཕྲག་བརྒྱ་པ་དུམ་བུ་བཞི་པ་བམ་པོ་ཉི་ཤུ་བཞི་པ།།

16.十萬頌般若波羅蜜多經第四函第二十四卷　(145—85)

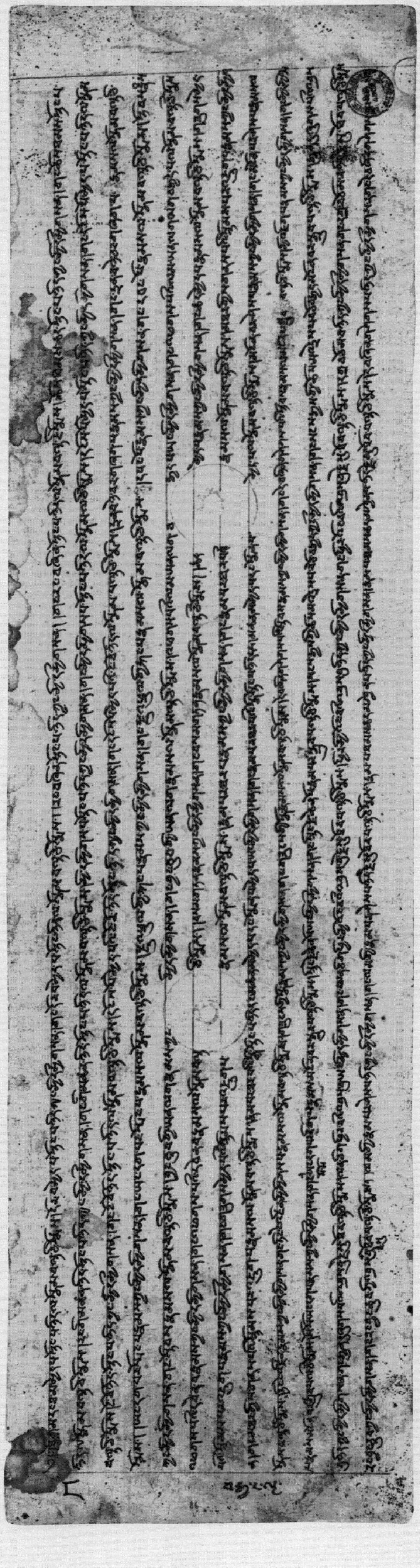

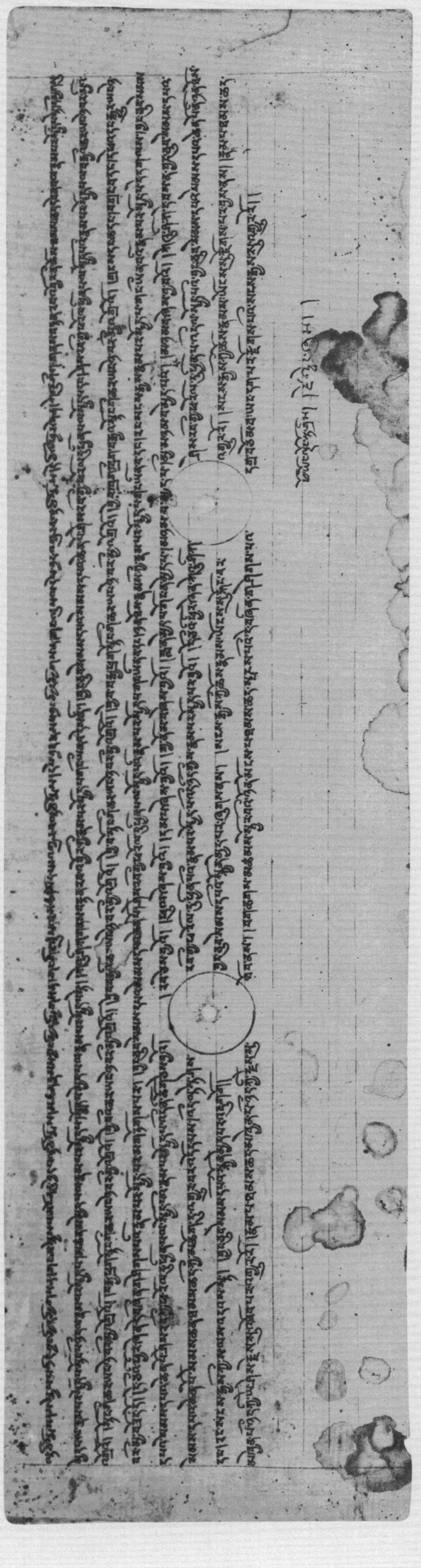

法 Pel.tib.1374 16.ཤེཤེས་རབ་ཀྱི་ཕ་རོལ་ཏུ་ཕྱིན་པ་སྟོང་ཕྲག་བརྒྱའ་པ་དུམ་བུ་བཞི་པ་བམ་པོ་ཉི་ཤུ་བཞིའོ། ། 6.བྲིས་བྱང་།

16.十萬頌般若波羅蜜多經第四函第二十四卷 6.抄寫校對題記 (145—86)

法 Pel.tib.1374

17.ནེས་རབ་ཀྱི་ཕ་རོལ་ཏུ་ཕྱིན་པ་སྟོང་ཕྲག་བརྒྱ་པ་དུམ་བུ་བཞི་པ་བམ་པོ་ཉི་ཤུ་ལྔ་པོ། །

法 Pel.tib.1374　　17.ཤེས་རབ་ཀྱི་ཕ་རོལ་དུ་ཕྱིན་པ་སྟོང་ཕྲག་བརྒྱ་པ་དུམ་བུ་བཞི་པ་བམ་པོ་ཉི་ཤུ་ལྔ་ལོ། །

17.十萬頌般若波羅蜜多經第四函第二十五卷　　(145—88)

17.ཤེས་རབ་ཀྱི་ཕ་རོལ་ཏུ་ཕྱིན་པ་སྟོང་ཕྲག་བརྒྱ་པ་དུམ་བུ་བཞི་པ་བམ་པོ་ཉི་ཤུ་ལྔ་པོ།།

17.十萬頌般若波羅蜜多經第四函第二十五卷　　（145—89）

法 Pel.tib.1374　　17.ཤེས་རབ་ཀྱི་ཕ་རོལ་དུ་ཕྱིན་པ་སྟོང་ཕྲག་བརྒྱ་པ་དུམ་བུ་བཞི་པ་བམ་པོ་ཉི་ཤུ་ལྔ་འོ།།

17.十萬頌般若波羅蜜多經第四函第二十五卷　　(145—90)

271

法 Pel.tib.1374　　17.ཤེས་རབ་ཀྱི་ཕ་རོལ་ཏུ་ཕྱིན་པ་སྟོང་ཕྲག་བརྒྱ་པ་དུམ་བུ་བཞི་པ་བམ་པོ་ཉི་ཤུ་ལྔ་པོ། །

17.十萬頌般若波羅蜜多經第四函第二十五卷　　（145—91）

272

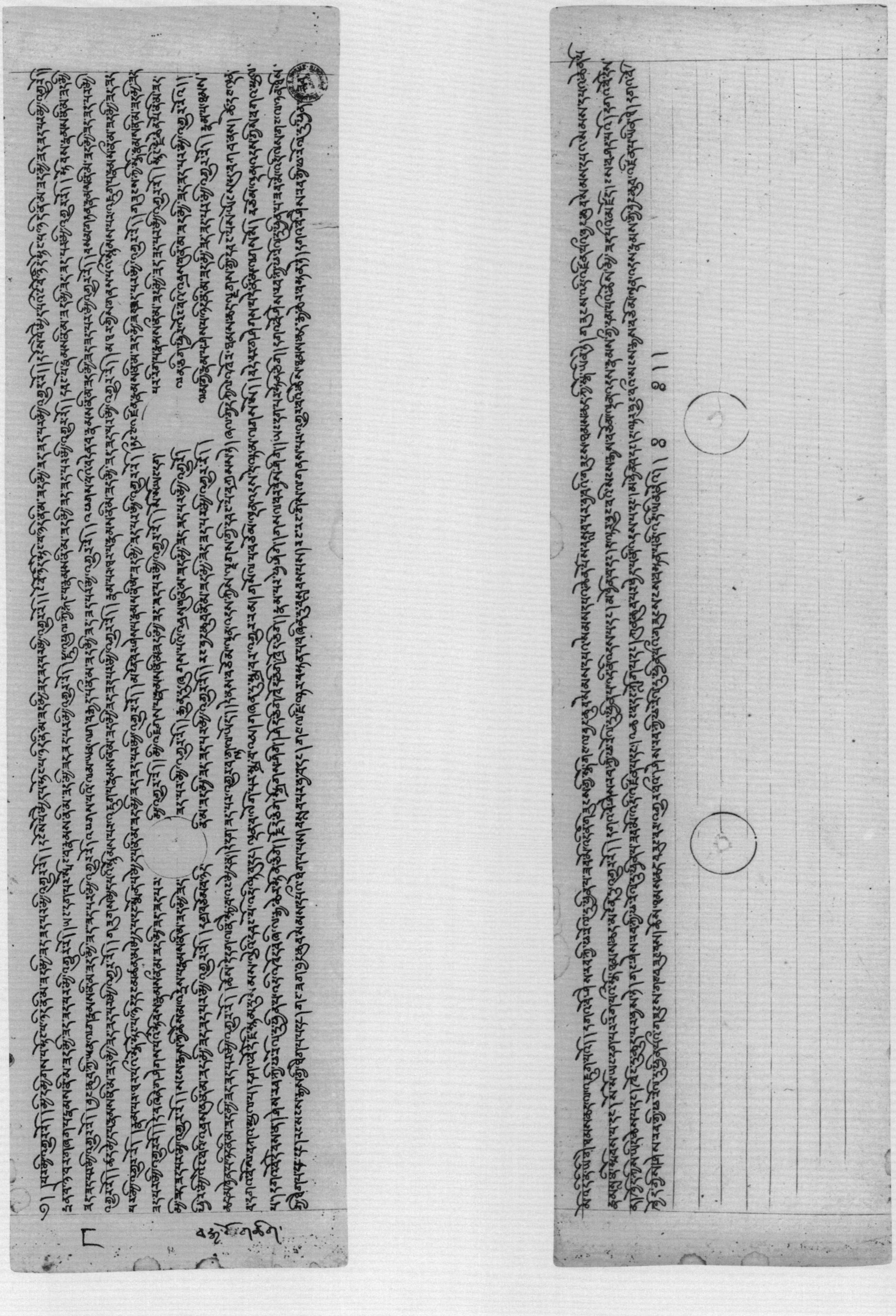

法 Pel.tib.1374　17.ཤེས་རབ་ཀྱི་ཕ་རོལ་ཏུ་ཕྱིན་པ་སྟོང་ཕྲག་བརྒྱ་པ་དུམ་བུ་བཞི་པ་བམ་པོ་ཉི་ཤུ་ལྔ་པོ། །

17.十萬頌般若波羅蜜多經第四函第二十五卷　(145—92)

法 Pel.tib.1374　18.ཤེས་རབ་ཀྱི་ཕ་རོལ་ཏུ་ཕྱིན་པ་སྟོང་ཕྲག་བརྒྱ་པ་དུམ་བུ་བཞི་པ་བམ་པོ་ཉི་ཤུ་དྲུག་གོ །

18.十萬頌般若波羅蜜多經第四函第二十六卷　　(145—93)

274

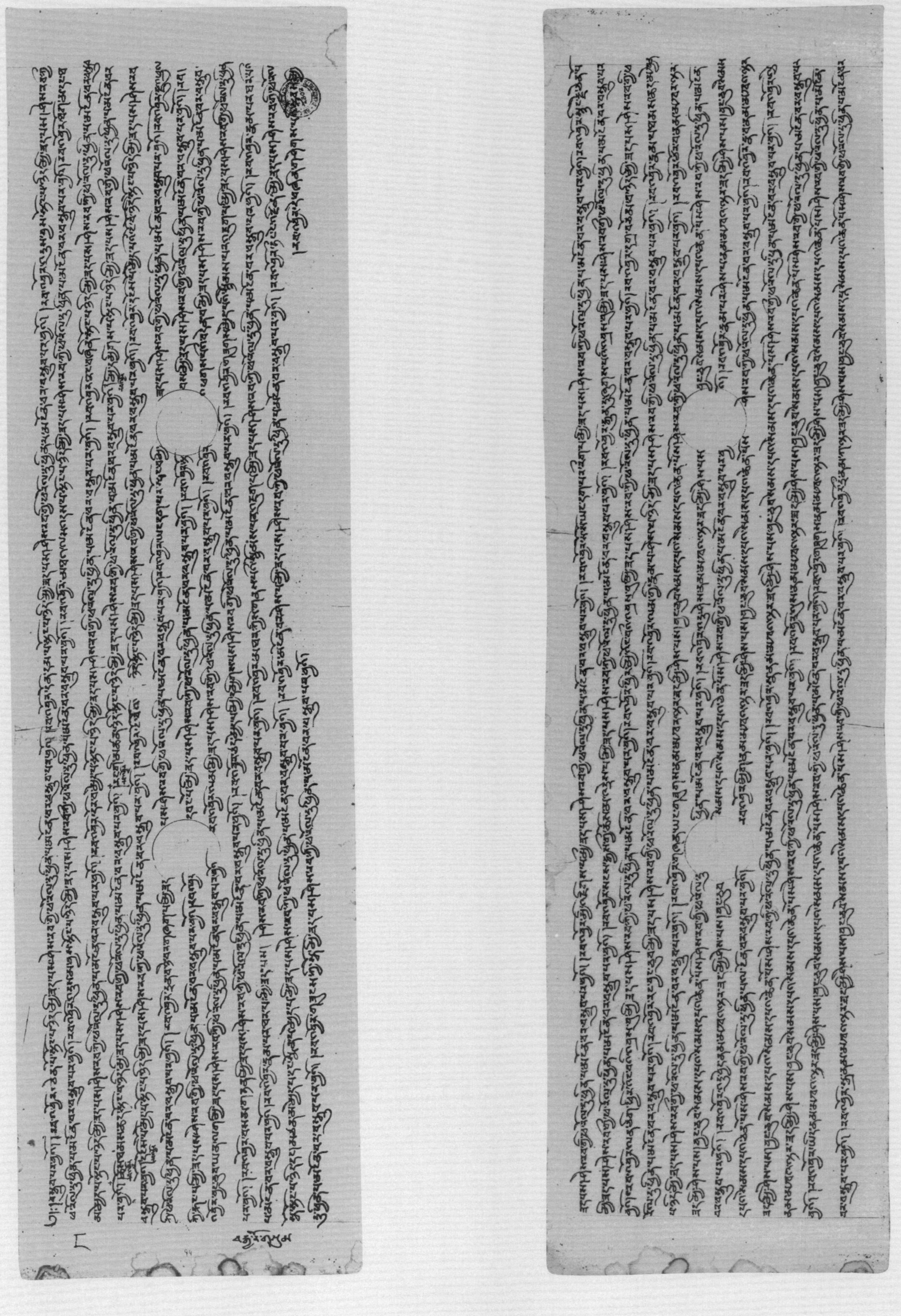

法 Pel.tib.1374　18.ཤེས་རབ་ཀྱི་ཕ་རོལ་ཏུ་ཕྱིན་པ་སྟོང་ཕྲག་བརྒྱ་པ་དུམ་བུ་བཞི་པ་བམ་པོ་ཉི་ཤུ་དྲུག་གོ། །

18.十萬頌般若波羅蜜多經第四函第二十六卷　(145—94)

18.ནེས་རབ་ཀྱི་ཕ་རོལ་ཏུ་ཕྱིན་པ་སྟོང་ཕྲག་བརྒྱ་པ་དུམ་བུ་བཞི་པ་བམ་པོ་ཉི་ཤུ་དྲུག་གོ། །

法 Pel.tib.1374　18.ཤེས་རབ་ཀྱི་ཕ་རོལ་ཏུ་ཕྱིན་པ་སྟོང་ཕྲག་བརྒྱ་པ་དུམ་བུ་བཞི་པ་བམ་པོ་ཉི་ཤུ་རྩ་དྲུག་གོ།།

18.十萬頌般若波羅蜜多經第四函第二十六卷　　(145—96)

18.ཤེས་རབ་ཀྱི་ཕ་རོལ་ཏུ་ཕྱིན་པ་སྟོང་ཕྲག་བརྒྱ་པ་དུམ་བུ་བཞི་པ་བམ་པོ་ཉེ་ཤུ་དྲུག་གོ །

18.十萬頌般若波羅蜜多經第四函第二十六卷　　(145—97)

法 Pel.tib.1374　18.ཤེས་རབ་ཀྱི་ཕ་རོལ་ཏུ་ཕྱིན་པ་སྟོང་ཕྲག་བརྒྱ་པ་དུམ་བུ་བཞི་པ་བམ་པོ་ཉི་ཤུ་དྲུག་གོ། །

18.十萬頌般若波羅蜜多經第四函第二十六卷　　(145—98)

18.ཤེས་རབ་ཀྱི་ཕ་རོལ་ཏུ་ཕྱིན་པ་སྟོང་ཕྲག་བརྒྱ་པ་དུམ་བུ་བཞི་པ་བམ་པོ་ཉི་ཤུ་དྲུག་གོ །།

18.十萬頌般若波羅蜜多經第四函第二十六卷　　(145—99)

法 Pel.tib.1374　　18.ནེས་རབ་ཀྱི་ཕ་རོལ་ཏུ་ཕྱིན་པ་སྟོང་ཕྲག་བརྒྱ་པ་དུམ་བུ་བཞི་པ་བམ་པོ་ཉི་ཤུ་དྲུག་གོ །　6.བྲིས་བྱད།

18.十萬頌般若波羅蜜多經第四函第二十六卷　　6.抄寫校對題記　　(145—100)

281

法 Pel.tib.1374　　19.ནེས་རབ་ཀྱི་ཕ་རོལ་ཏུ་ཕྱིན་པ་སྟོང་ཕྲག་བརྒྱ་བ་དུམ་བུ་བཞི་པ་བམ་པོ་ཉི་ཤུ་བདུན་ནོ།།

19.十萬頌般若波羅蜜多經第四函第二十七卷　　(145—101)

法 Pel.tib.1374　19.ཤེས་རབ་ཀྱི་ཕ་རོལ་ཏུ་ཕྱིན་པ་སྟོང་ཕྲག་བརྒྱ་པ་དུམ་བུ་བཞི་པ་བམ་པོ་ཉི་ཤུ་བདུན་ནོ།།

19.ཤེས་རབ་ཀྱི་ཕ་རོལ་དུ་ཕྱིན་པ་སྟོང་ཕྲག་བརྒྱ་བ་དུམ་བུ་བཞི་པ་བམ་པོ་ཉི་ཤུ་བདུན་ནོ།།

19.十萬頌般若波羅蜜多經第四函第二十七卷　　(145—103)

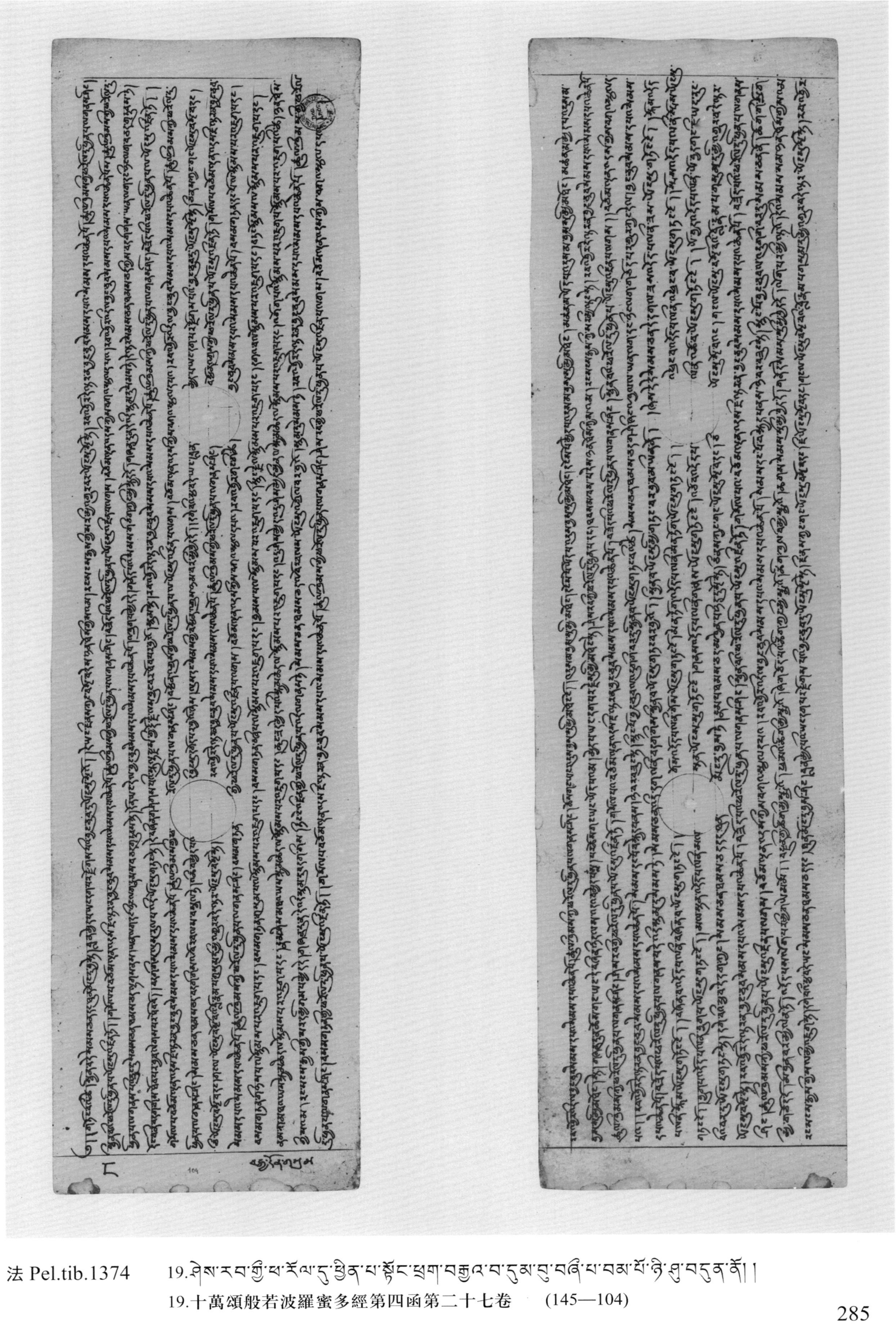

法 Pel.tib.1374　　19.ཤེས་རབ་ཀྱི་ཕ་རོལ་ཏུ་ཕྱིན་པ་སྟོང་ཕྲག་བརྒྱ་པ་དུམ་བུ་བཞི་པ་བམ་པོ་ཉི་ཤུ་བདུན་ནོ།།

19.十萬頌般若波羅蜜多經第四函第二十七卷　(145—104)

19.ཤེས་རབ་ཀྱི་ཕ་རོལ་དུ་ཕྱིན་པ་སྟོང་ཕྲག་བརྒྱ་པ་དུམ་བུ་བཞི་པ་བམ་པོ་ཉི་ཤུ་བདུན་ནོ། །

19.十萬頌般若波羅蜜多經第四函第二十七卷　　(145—105)

法 Pel.tib.1374　19.ཤེས་རབ་ཀྱི་ཕ་རོལ་ཏུ་ཕྱིན་པ་སྟོང་ཕྲག་བརྒྱ་པ་དུམ་བུ་བཞི་པ་བམ་པོ་ཉི་ཤུ་བདུན་ནོ། །

19.十萬頌般若波羅蜜多經第四函第二十七卷　　(145—106)

287

法 Pel.tib.1374

288

19.ཤེས་རབ་ཀྱི་ཕ་རོལ་ཏུ་ཕྱིན་པ་སྟོང་ཕྲག་བརྒྱ་བ་དུམ་བུ་བཞི་པ་བམ་པོ་ཉི་ཤུ་བདུན་གྲོ། །   6.བྲིས་བྱང་།

19.十萬頌般若波羅蜜多經第四函第二十七卷   6.抄寫校對題記   (145—107)

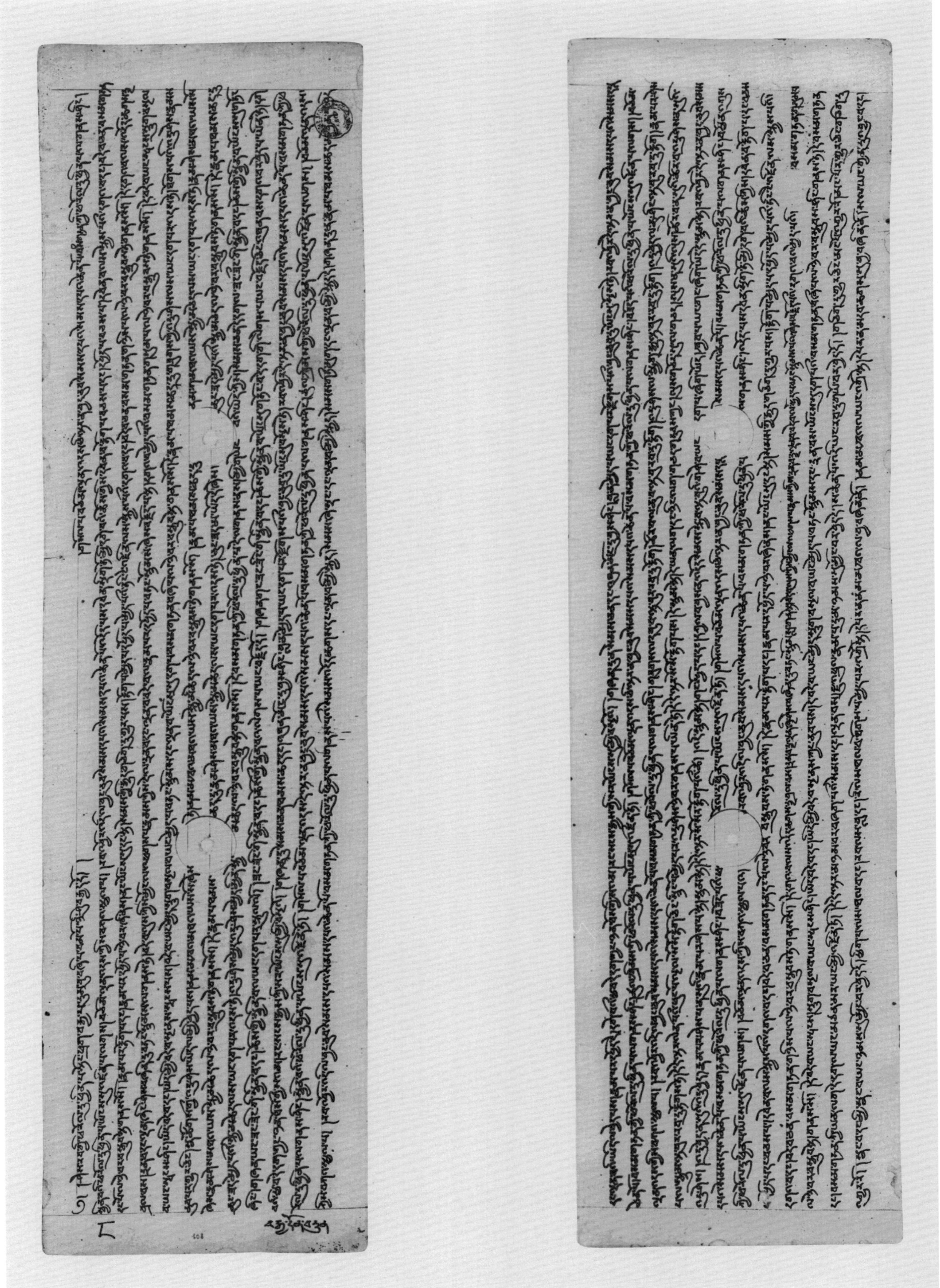

法 Pel.tib.1374　　20.ཤེས་རབ་ཀྱི་ཕ་རོལ་ཏུ་ཕྱིན་པ་སྟོང་ཕྲག་བརྒྱ་པ་དུམ་བུ་བཞི་པ་བམ་པོ་ཉི་ཤུ་བརྒྱད་དོ། །

20.十萬頌般若波羅蜜多經第四函第二十八卷　(145—108)

20.ཤེས་རབ་ཀྱི་ཕ་རོལ་ཏུ་ཕྱིན་པ་སྟོང་ཕྲག་བརྒྱ་པ་དུམ་བུ་བཞི་པ་བམ་པོ་ཉི་ཤུ་བརྒྱད་དོ།། ‖

20.十萬頌般若波羅蜜多經第四函第二十八卷　　(145—109)

法 Pel.tib.1374　　20.ཤེས་རབ་ཀྱི་ཕ་རོལ་ཏུ་ཕྱིན་པ་སྟོང་ཕྲག་བརྒྱ་པ་དུམ་བུ་བཞི་པ་བམ་པོ་ཉི་ཤུ་བརྒྱད་དོ།།

20.十萬頌般若波羅蜜多經第四函第二十八卷　　(145—110)

20.ཤེས་རབ་ཀྱི་ཕ་རོལ་དུ་ཕྱིན་པ་སྟོང་ཕྲག་བརྒྱ་པ་དུམ་བུ་བཞི་པ་བམ་པོ་ཉི་ཤུ་བརྒྱད་དོ།།

20.十萬頌般若波羅蜜多經第四函第二十八卷　　(145—111)

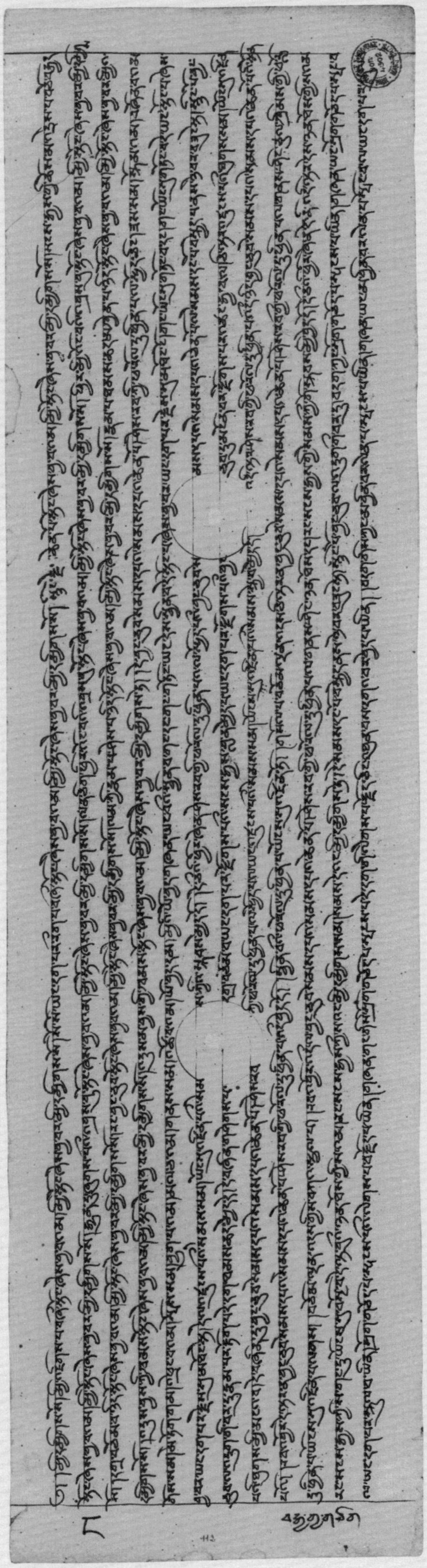

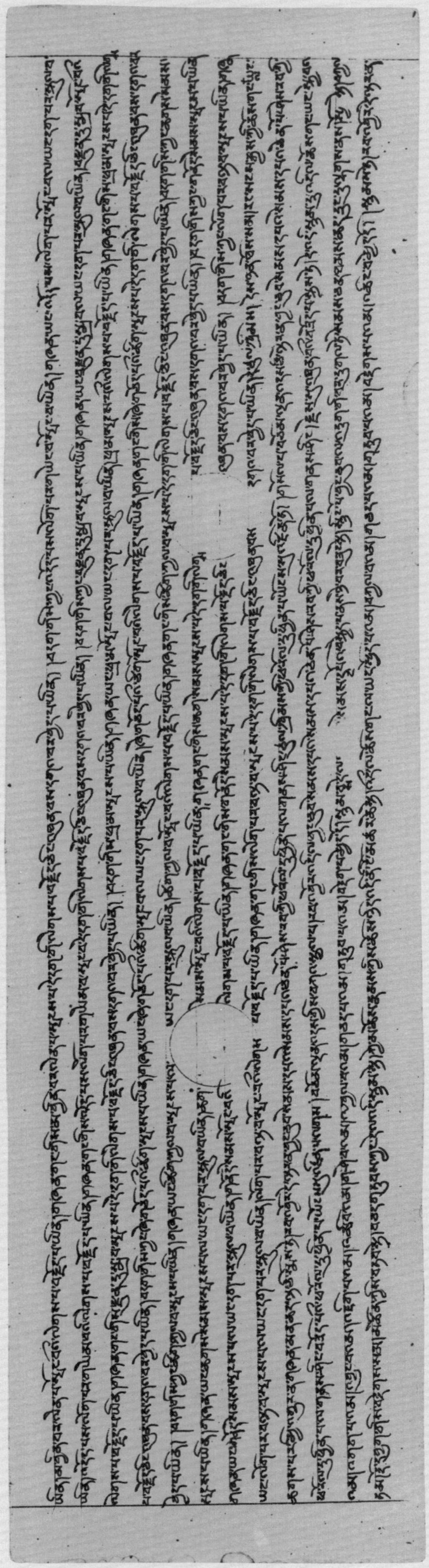

法 Pel.tib.1374　20.ཤེས་རབ་ཀྱི་ཕ་རོལ་ཏུ་ཕྱིན་པ་སྟོང་ཕྲག་བརྒྱ་པ་དུམ་བུ་བཞི་པ་བམ་པོ་ཉི་ཤུ་བརྒྱད་དོ།།

20.十萬頌般若波羅蜜多經第四函第二十八卷　(145—112)

法 Pel.tib.1374　20.ཤེས་རབ་ཀྱི་ཕ་རོལ་ཏུ་ཕྱིན་པ་སྟོང་ཕྲག་བརྒྱ་པ་དུམ་བུ་བཞི་པ་བམ་པོ་ཉི་ཤུ་བརྒྱད་དོ།།

法 Pel.tib.1374　　20.ཤེས་རབ་ཀྱི་ཕ་རོལ་ཏུ་ཕྱིན་པ་སྟོང་ཕྲག་བརྒྱ་པ་དུམ་བུ་བཞི་པ་བམ་པོ་ཉི་ཤུ་བརྒྱད་དོ། །

20.十萬頌般若波羅蜜多經第四函第二十八卷　　（145—114）

20.ཤེས་རབ་ཀྱི་ཕ་རོལ་ཏུ་ཕྱིན་པ་སྟོང་ཕྲག་བརྒྱ་པ་དུམ་བུ་བཞི་པ་བཙོ་པོ་ནི་ཤུ་བརྒྱད་དོ།། 6.བྲིས་བྱང་།

21.ཤེས་རབ་ཀྱི་ཕ་རོལ་ཏུ་ཕྱིན་པ་སྟོང་ཕྲག་བརྒྱ་པ་དུམ་བུ་བཞི་པ་བཙོ་པོ་ནི་ཤུ་དགུའོ།།

20.十萬頌般若波羅蜜多經第四函第二十八卷　　6.抄寫校對題記

21.十萬頌般若波羅蜜多經第四函第二十九卷　　（145—115）

21.ཤེས་རབ་ཀྱི་ཕ་རོལ་ཏུ་ཕྱིན་པ་སྟོང་ཕྲག་བརྒྱ་པ་དུམ་བུ་བཞི་པ་བམ་པོ་ཉི་ཤུ་དགུ་པོ། །

21.十萬頌般若波羅蜜多經第四函第二十九卷　　(145—116)

21.ཤེས་རབ་ཀྱི་ཕ་རོལ་ཏུ་ཕྱིན་པ་སྟོང་ཕྲག་བརྒྱ་པ་དུམ་བུ་བཞི་པ་བམ་པོ་ཉི་ཤུ་དགུ་འོ།།

21.十萬頌般若波羅蜜多經第四函第二十九卷　　(145—117)

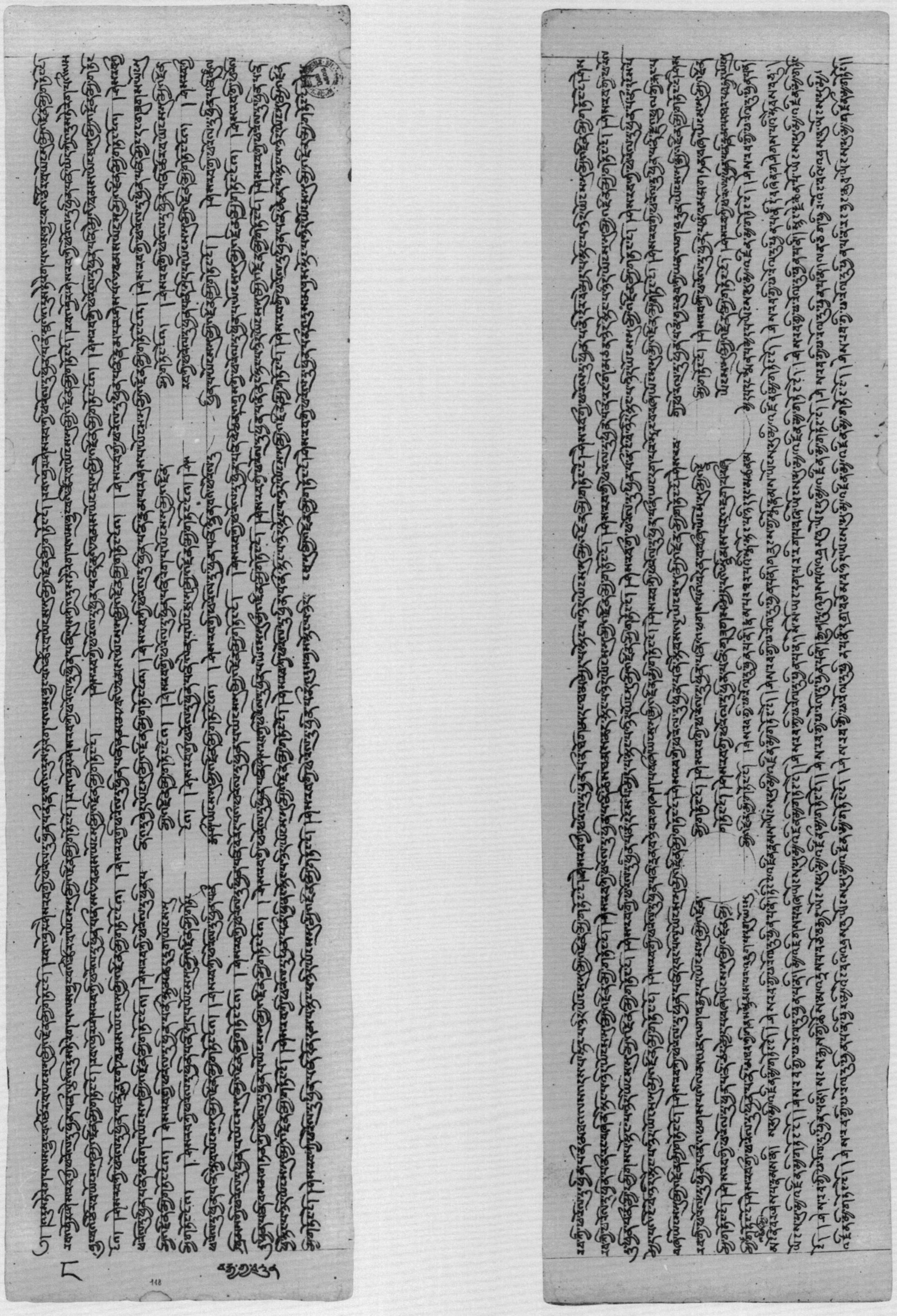

法 Pel.tib.1374　　21.ཤེས་རབ་ཀྱི་ཕ་རོལ་ཏུ་ཕྱིན་པ་སྟོང་ཕྲག་བརྒྱ་པ་དུམ་བུ་བཞི་པ་བམ་པོ་ཉི་ཤུ་དགུའོ།།

21.十萬頌般若波羅蜜多經第四函第二十九卷　(145—118)

21.ཤེས་རབ་ཀྱི་ཕ་རོལ་ཏུ་ཕྱིན་པ་སྟོང་ཕྲག་བརྒྱ་པ་དུམ་བུ་བཞི་པ་བམ་པོ་ཉི་ཤུ་དགུ་གོ །

21.十萬頌般若波羅蜜多經第四函第二十九卷　　(145—119)

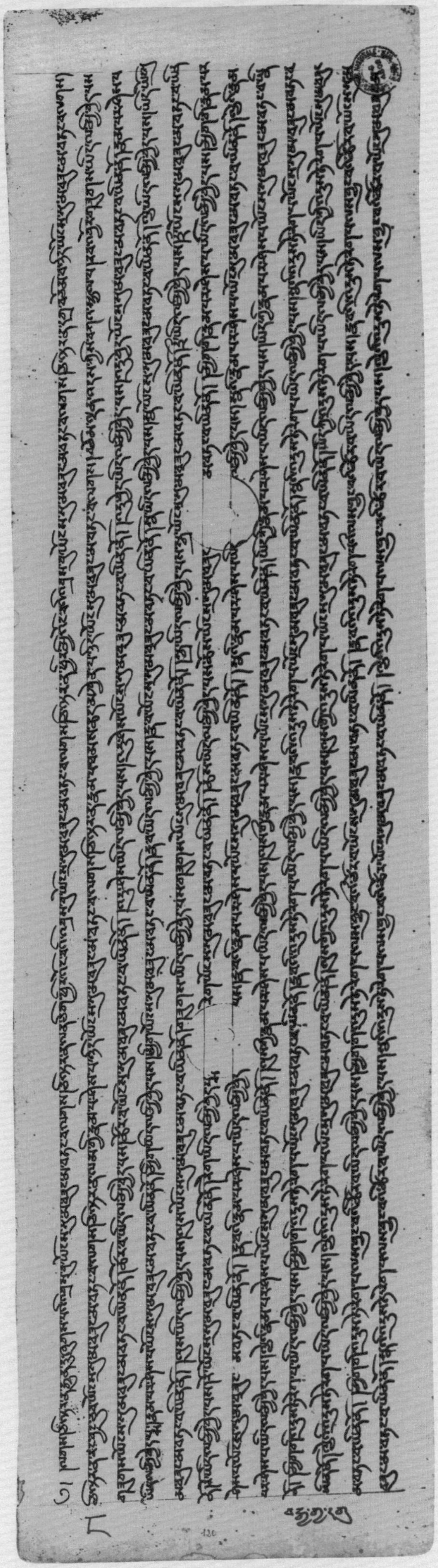

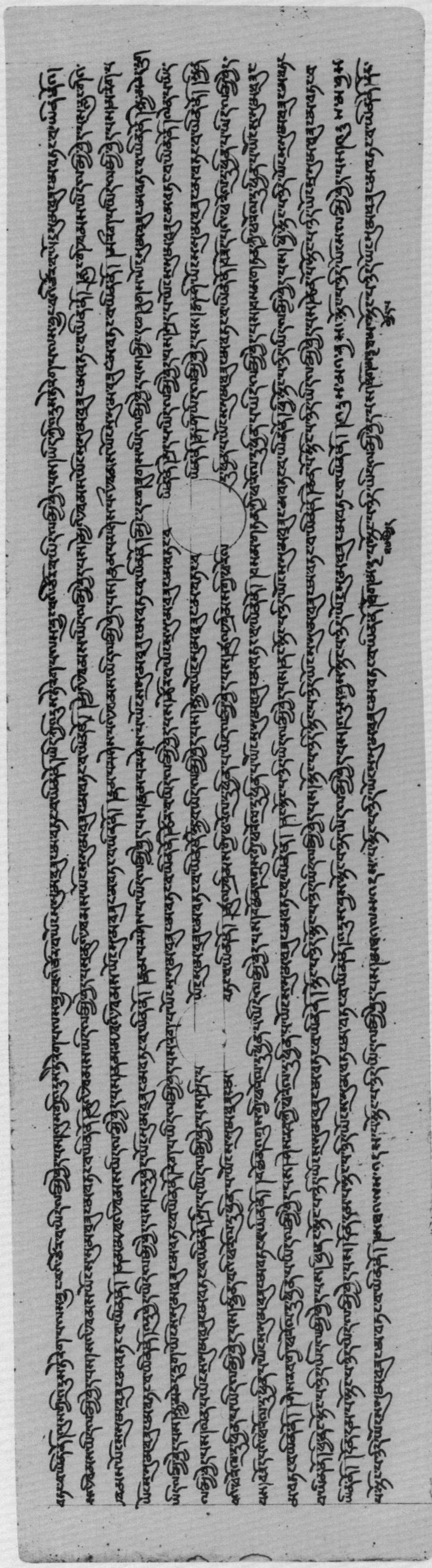

法 Pel.tib.1374　21.ཤེས་རབ་ཀྱི་ཕ་རོལ་ཏུ་ཕྱིན་པ་སྟོང་ཕྲག་བརྒྱ་པ་དུམ་བུ་བཞི་པ་བམ་པོ་ཉི་ཤུ་དགུ་པོ། །

21.十萬頌般若波羅蜜多經第四函第二十九卷　(145—120)

21.ཤེས་རབ་ཀྱི་ཕ་རོལ་ཏུ་ཕྱིན་པ་སྟོང་ཕྲག་བརྒྱ་པ་དུམ་བུ་བཞི་པ་བམ་པོ་ཉི་ཤུ་དགུའོ། །

21.十萬頌般若波羅蜜多經第四函第二十九卷　　(145—121)

法 Pel.tib.1374　21.ཤེས་རབ་ཀྱི་ཕ་རོལ་ཏུ་ཕྱིན་པ་སྟོང་ཕྲག་བརྒྱ་པ་དུམ་བུ་བཞི་པ་བམ་པོ་ཉི་ཤུ་དགུ་གོ། །　6.བྲིས་བྱང་།

22.ཤེས་རབ་ཀྱི་ཕ་རོལ་ཏུ་ཕྱིན་པ་སྟོང་ཕྲག་བརྒྱ་པ་དུམ་བུ་བཞི་པ་བམ་པོ་སུམ་ཅུ་བོ། །

303

22.ཤེས་རབ་ཀྱི་ཕ་རོལ་དུ་ཕྱིན་པ་སྟོང་ཕྲག་བརྒྱ་པ་དུམ་བུ་བཞི་པ་བམ་པོ་སུམ་ཅུ་པོ། །

22.十萬頌般若波羅蜜多經第四函第三十卷　(145—123)

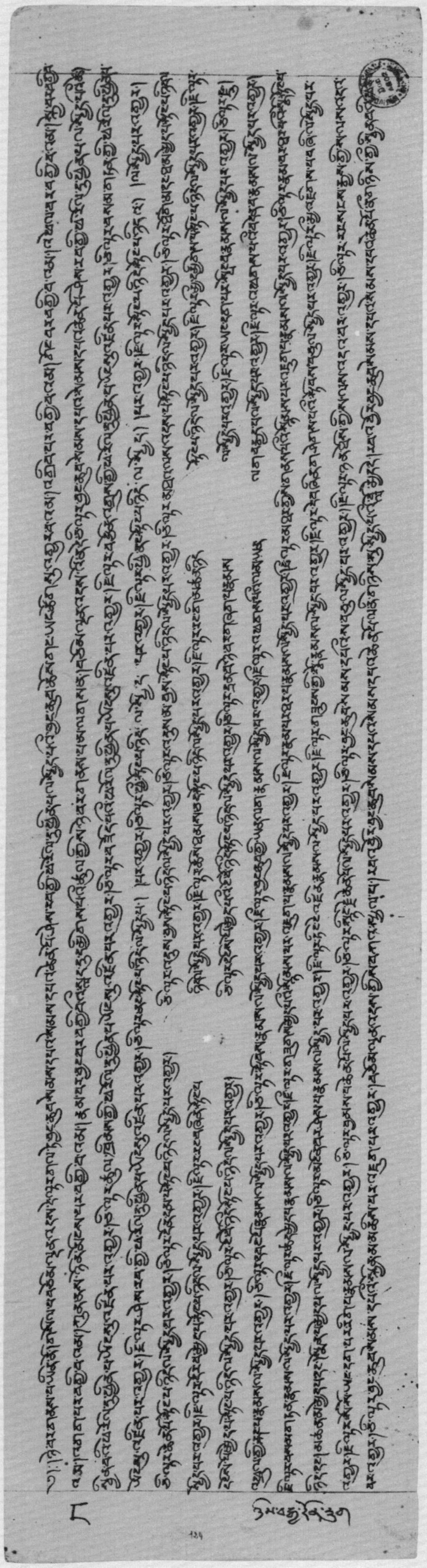

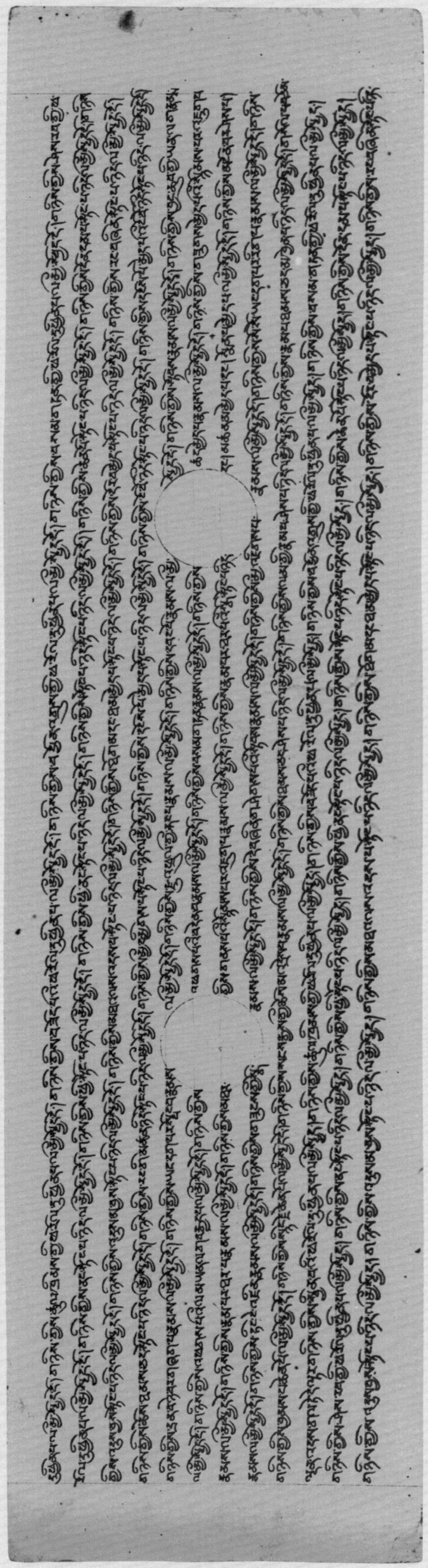

法 Pel.tib.1374　23.ཤེས་རབ་ཀྱི་ཕ་རོལ་དུ་ཕྱིན་པ་སྟོང་ཕྲག་བརྒྱ་པ་དུམ་བུ་བཞི་པ་ལས་ལེའུ་ལྔ་བཅུ་ལྔ་པོ།།

23.十萬頌般若波羅蜜多經第四函第五十五卷　(145—124)

23.ཤེས་རབ་ཀྱི་ཕ་རོལ་ཏུ་ཕྱིན་པ་སྟོང་ཕྲག་བརྒྱ་པ་དུམ་བུ་བཞི་པ་ལས་ཤིན་ཏུ་ལྔ་བཅུ་ལྔ་འོ།།　6.བྲིས་བྱང་།

23.十萬頌般若波羅蜜多經第四函第五十五卷　6.抄寫校對題記　(145—125)

法 Pel.tib.1374　　1.ཤེས་རབ་ཀྱི་ཕ་རོལ་ཏུ་ཕྱིན་པ་སྟོང་ཕྲག་བརྒྱ་པ་དུམ་བུ་བཞི་པ།

1.十萬頌般若波羅蜜多經第四函　　(145—126)

法 Pel.tib.1374　　1.ཤེས་རབ་ཀྱི་ཕ་རོལ་ཏུ་ཕྱིན་པ་སྟོང་ཕྲག་བརྒྱ་པ་དུམ་བུ་བཞི་པ།

1.十萬頌般若波羅蜜多經第四函　　(145—127)

法 Pel.tib.1374　　1.ཤེས་རབ་ཀྱི་ཕ་རོལ་ཏུ་ཕྱིན་པ་སྟོང་ཕྲག་བརྒྱ་པ་དུམ་བུ་བཞི་པ།　　6.བྲིས་བྱང་།

1.十萬頌般若波羅蜜多經第四函　　6.抄寫校對題記　　(145—128)

法 Pel.tib.1374　　1.ཤེས་རབ་ཀྱི་ཕ་རོལ་དུ་ཕྱིན་པ་སྟོང་ཕྲག་བརྒྱ་པ་དུམ་བུ་བཞི་པ།

1.十萬頌般若波羅蜜多經第四函　　(145—129)

法 Pel.tib.1374　　1.ཤེས་རབ་ཀྱི་ཕ་རོལ་ཏུ་ཕྱིན་པ་སྟོང་ཕྲག་བརྒྱ་པ་དུམ་བུ་བཞི་པ།

1.十萬頌般若波羅蜜多經第四函　　(145—130)

法 Pel.tib.1374　　1.ཤེས་རབ་ཀྱི་ཕ་རོལ་དུ་ཕྱིན་པ་སྟོང་ཕྲག་བརྒྱ་པ་དུམ་བུ་བཞི་པ།

1.十萬頌般若波羅蜜多經第四函　　(145—131)

法 Pel.tib.1374　　1.ཤེས་རབ་ཀྱི་ཕ་རོལ་ཏུ་ཕྱིན་པ་སྟོང་ཕྲག་བརྒྱ་པ་དུམ་བུ་བཞི་པ།

1.十萬頌般若波羅蜜多經第四函　　(145—132)

法 Pel.tib.1374　　1.ཤེས་རབ་ཀྱི་ཕ་རོལ་ཏུ་ཕྱིན་པ་སྟོང་ཕྲག་བརྒྱ་པ་དུམ་བུ་བཞི་པ།

1.十萬頌般若波羅蜜多經第四函　　(145—133)

法 Pel.tib.1374　　1.ཤེས་རབ་ཀྱི་ཕ་རོལ་ཏུ་ཕྱིན་པ་སྟོང་ཕྲག་བརྒྱ་པ་དུམ་བུ་བཞི་པ།

1.十萬頌般若波羅蜜多經第四函　　(145—134)

法 Pel.tib.1374   1.ཤེས་རབ་ཀྱི་ཕ་རོལ་དུ་ཕྱིན་པ་སྟོང་ཕྲག་བརྒྱ་པ་དུམ་བུ་བཞི་པ

1.十萬頌般若波羅蜜多經第四函   (145—135)

法 Pel.tib.1374　　1.ཤེས་རབ་ཀྱི་ཕ་རོལ་དུ་ཕྱིན་པ་སྟོང་ཕྲག་བརྒྱ་པ་དུམ་བུ་བཞི་པ།　　6.བྲིས་བྱང་།

24.ཞིང་གི་དོར་ཁའི་གྲངས་དང་བཀའ་འི་ཤོག་གསལ་བྲིས་པོར་བུ།

1.十萬頌般若波羅蜜多經第四函　　6.抄寫校對題記

24.田地面積數、文告等雜寫　　(145—136)

法 Pel.tib.1374　　1.ཤེས་རབ་ཀྱི་ཕ་རོལ་ཏུ་ཕྱིན་པ་སྟོང་ཕྲག་བརྒྱ་པ་དུམ་བུ་བཞི་པ།

1.十萬頌般若波羅蜜多經第四函　　（145—137）

法 Pel.tib.1374　　1.ཤེས་རབ་ཀྱི་ཕ་རོལ་དུ་ཕྱིན་པ་སྟོང་ཕྲག་བརྒྱ་པ་དུམ་བུ་བཞི་པ།

1.十萬頌般若波羅蜜多經第四函　　(145—138)

23.ཤེས་རབ་ཀྱི་ཕ་རོལ་ཏུ་ཕྱིན་པ་སྟོང་ཕྲག་བརྒྱ་པ་དུམ་བུ་བཞི་པ་བམ་པོ་(ལྔ་བཅུ)་ལྔ་འོ།།

23.十萬頌般若波羅蜜多經第四函第五十五卷　　(145—139)

法 Pel.tib.1374　23.ཤེས་རབ་ཀྱི་ཕ་རོལ་ཏུ་ཕྱིན་པ་སྟོང་ཕྲག་བརྒྱ་པ་དུམ་བུ་བཞི་པ་བམ་པོ་ལྔ་བཅུ་རྩ་ལྔ་འོ།།

23.十萬頌般若波羅蜜多經第四函第五十五卷　　(145—140)

23. ཤེས་རབ་ཀྱི་ཕ་རོལ་ཏུ་ཕྱིན་པ་སྟོང་ཕྲག་བརྒྱ་པ་དུམ་བུ་བཞི་པ་བམ་པོ (ལྔ་བཅུ) ལྔ་བོ ། །

23. 十萬頌般若波羅蜜多經第四函第五十五卷　　(145—141)

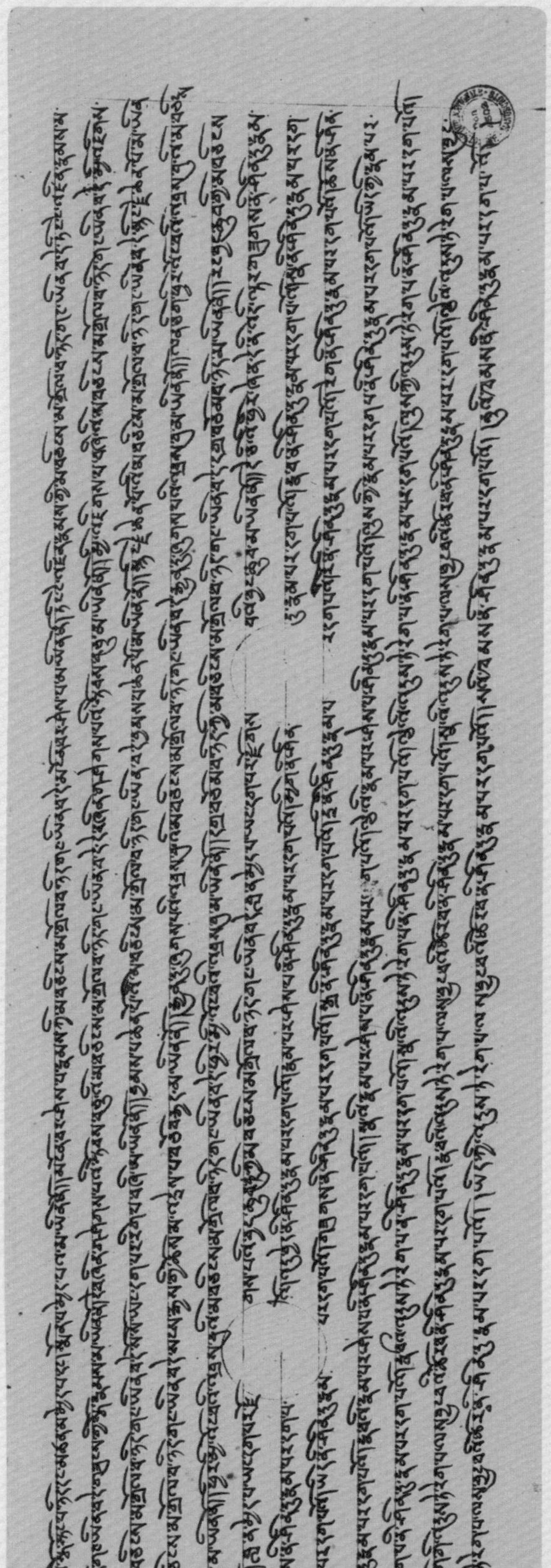

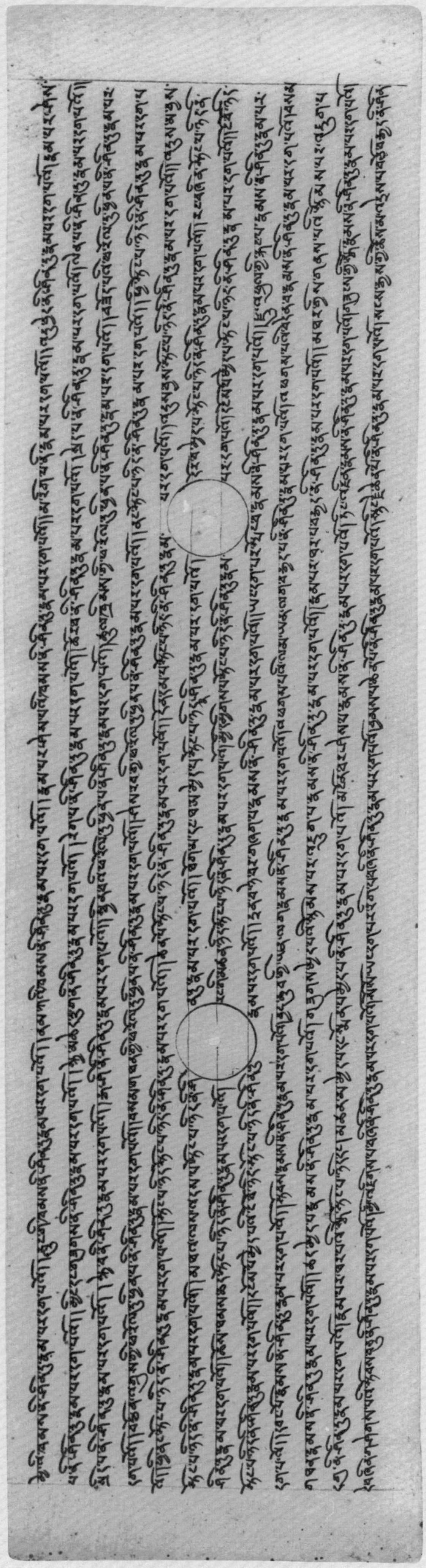

法 Pel.tib.1374　23.ཤེས་རབ་ཀྱི་ཕ་རོལ་ཏུ་ཕྱིན་པ་སྟོང་ཕྲག་བརྒྱ་པ་དུམ་བུ་བཞི་པ་བམ་པོ་(ལྔ་བཅུ་)ལྔ་པོ། །

23.十萬頌般若波羅蜜多經第四函第五十五卷　(145—142)

法 Pel.tib.1374　　23.ཤེས་རབ་ཀྱི་ཕ་རོལ་ཏུ་ཕྱིན་པ་སྟོང་ཕྲག་བརྒྱ་པ་དུམ་བུ་བཞི་པ་བམ་པོ་(ལྔ་བཅུ)་ལྔ་འོ།　　6.བྲིས་བྱང་

23.十萬頌般若波羅蜜多經第四函第五十五卷　　6.抄寫校對題記　　(145—143)

324

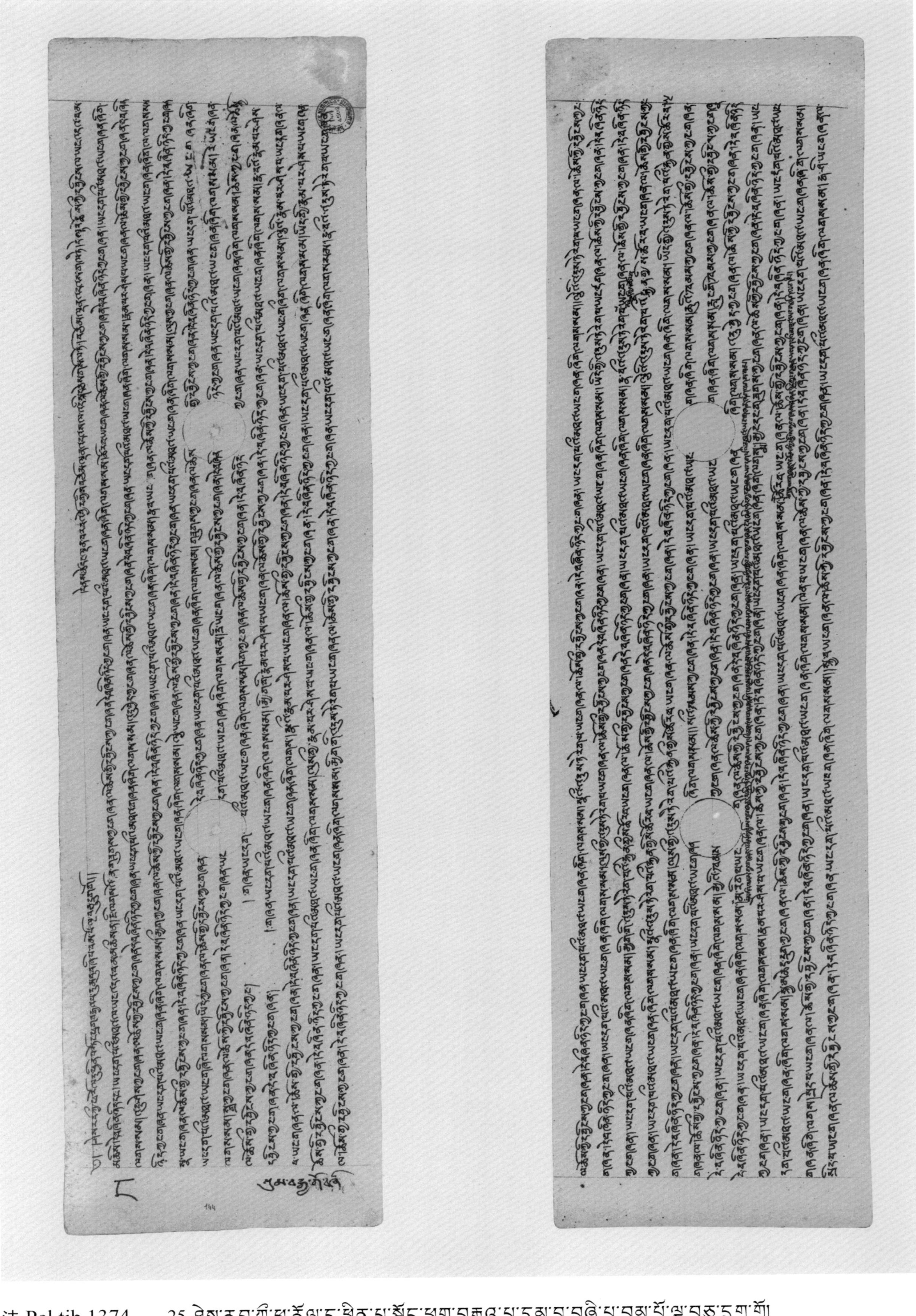

法 Pel.tib.1374　25.ཤེས་རབ་ཀྱི་ཕ་རོལ་ཏུ་ཕྱིན་པ་སྟོང་ཕྲག་བརྒྱ་པ་དུམ་བུ་བཞི་པ་བམ་པོ་ལྔ་བཅུ་དྲུག་གོ།

25.十萬頌般若波羅蜜多經第四函第五十六卷　(145—144)

法 Pel.tib.1374　　1.ཤེས་རབ་ཀྱི་ཕ་རོལ་དུ་ཕྱིན་པ་སྟོང་ཕྲག་བརྒྱ་པ་དུམ་བུ་བཞི་པ།

1.十萬頌般若波羅蜜多經第四函　　(145—145)

326

ཧྥ་རན་སིའི་རྒྱལ་ཡོངས་དཔེ་མཛོད་ཁང་དུ་ཉར་བའི་ཏུན་ཧོང་བོད་ཡིག་ཡིག་ཆགས། ⑰

སྒྲིག་སྟོར་མཁན།

ནུབ་བྱང་མི་རིགས་སློབ་གྲྭ་ཆེན་མོ།

ཧྲང་ཧེ་དཔེ་རྙིང་དཔེ་སྐྲུན་ཁང་།

ཧྥ་རན་སིའི་རྒྱལ་གཉེར་དཔེ་མཛོད་ཁང་བཅས་ཀྱིས་བསྒྲིགས།

པར་སྐྲུན་མཁན།

ཧྲང་ཧེ་དུས་རབས་པར་སྐྲུན་མ་ཀྷང་ཚད་ཡོད་ཀྱང་སི།

ཧྲང་ཧེ་དཔེ་རྙིང་དཔེ་སྐྲུན་ཁང་།

ཧྲང་ཧེ་གྲོང་ཁྱེར་མིན་ཞེན་ཁུལ་ཧོ་ཅིན་ལམ་ཨང་ཏགས་༡༥༩པའི་ཐོག་ཁང་A པའི་ཚིགས་ལྔ་པ།

སྦྲག་ཨང་། 201101   བརྙན་སྐྱེལ་གློག་འཕྲིན། (86－21) 64339287

www.guji.com.cn   www.ewen.co   guji1@guji.com.cn

དཔར་ཁང་།

ཧྲང་ཧེ་ལེ་ཊུ་པར་ལས་ཚད་ཡོད་ཀྱང་སི།

དེབ་ཚད། 787×1092   1/8   དཔར་སྒོག 41   བར་བཅུག 20

2015 ལོའི་ཟླ་ 7 བར་པར་གཞི་དང་པོ་བསྒྲིགས།   2023ལོའི་ཟླ་ 7པར་པར་ཐེངས་གསུམ་པ་བཏབ།

དཔེ་ཕྲུགས། ISBN 978-7-5325-7690-6/K.2059

TIBETAN DOCUMENTS FROM DUNHUANG IN THE BIBLIOTHÈQUE NATIONALE DE FRANCE ⑰

Participating Institutions
Bibliothèque nationale de France
Northwest University for Nationalities
Shanghai Chinese Classics Publishing House
Publisher
Shanghai Chinese Classics Publishing House
5/F, Block A, Lane 159, Haojing Road, Minhang District, Shanghai,China 201101 Fax(86-21) 64339287
www.guji.com.cn
guji1@guji.com.cn
www.ewen.co
Shanghai PICA Colour Separation & Printing Co., Ltd.

8 mo 787×1092mm
printed sheets 41   insets 20
First Edition: Jul. 2015   Third Printing: Jul . 2023
ISBN 978-7-5325-7690-6/K.2059

圖書在版編目（CIP）數據

法國國家圖書館藏敦煌藏文文獻.17/
西北民族大學，法國國家圖書館，上海古籍出版社編纂.
－上海：上海古籍出版社，2015.7　（2023.7重印）
ISBN 978-7-5325-7690-6

Ⅰ.①法…　Ⅱ.①西…　②上…　③法…Ⅲ.　①敦煌學－文獻　Ⅳ.①K870.6

中國版本圖書館 CIP 數據核字（2015）第 142580 號

國家古籍整理出版專項經費資助項目

法國國家圖書館藏敦煌藏文文獻⑰
編　纂
西北民族大學　上海古籍出版社　法國國家圖書館
出　版
上海古籍出版社
上海市閔行區號景路 159 弄 1—5 號 A 座 5F
郵編 201101　傳真（86—21）64339287
網址：　www.guji.com.cn
電子郵件：　guji1@guji.com.cn
易文網：　www.ewen.co
印　刷
上海麗佳製版印刷有限公司

開本：787×1092　1/8　印張：41　插頁：20
版次：2015 年 7 月第 1 版　印次：2023 年 7 月第 3 次印刷
ISBN 978-7-5325-7690-6/K.2059
定價：2200.00圓

མངའ་རིས་གུ་གེའི་རྒྱལ་རབས་དུས་ཀྱི་དགོན་སྡེ།

阿里古格王朝寺廟群

དུན་ཧོང་མོ་ཀོ་ཁའུ་ཡི་ནུབ་ཁུལ་བྲག་ཕུག

敦煌莫高窟北區石窟

རྒྱལ་པ་འབུམ་སྒྲིང་དུ་བཞུགས་པའི་ཐང་རྒྱལ་རབས་དུས་ཀྱི་རྒྱལ་བ་བྱམས་པ།

永靖炳靈寺唐代彌勒大佛